你的理财问题，徐建明有答案

［加］徐建明　著

中国铁道出版社
CHINA RAILWAY PUBLISHING HOUSE

北京市版权局著作权合同登记　图字 01-2018-1454 号

图书在版编目（CIP）数据

你的理财问题，徐建明有答案 / 徐建明著. -- 北京：中国铁道出版社，2018.7

ISBN 978-7-113-24474-3

Ⅰ. ①你… Ⅱ. ①徐… Ⅲ. ①私人投资—通俗读物 Ⅳ. ① F830.59-49

中国版本图书馆 CIP 数据核字（2018）第 093665 号

书　　名：你的理财问题，徐建明有答案
作　　者：[加] 徐建明　著

责任编辑：吕　芡　　　　读者热线：010-63560056
责任印制：赵星辰　　　　封面设计：MXK DESIGN STUDIO

出版发行：中国铁道出版社（100054，北京市西城区右安门西街 8 号）
印　　刷：三河市兴达印务有限公司
版　　次：2018 年 7 月第 1 版　2018 年 7 月第 1 次印刷
开　　本：880 mm×1 230 mm　1/32　印张：6.75　字数：195 千
书　　号：ISBN 978-7-113-24474-3
定　　价：49.80 元

前言

PREFACE

理财和投资是一件事吗?

关于理财，首先想和大家分享的一个观点：投资不等于理财。

为什么会有这么一个话题呢？我是从事个人理财工作的，很多人一听说我是搞理财的，就纷纷向我提出他的“理财问题”。而这些人所谓的“理财问题”，其实全都是投资问题，比如说：你给我推荐下股票吧？股市到顶了没有啊？国家房地产调控政策来了，那房子一定会暴跌吧？我是买房子呢，还是该把房子卖掉？听说黄金要爆发了，我是不是要去买点黄金放在家里？而理论上讲，他们问的所有这些，其实都是投资问题，是对投资市场的分析和判断。

作为一个个人理财师，对于这些问题都是没有答案的。因为，是否应该把钱放在什么地方，这个问题的答案，不仅和市场有关，更重要的还跟你本人的生活状况、家庭资产结构以及未来的生活目标息息相关。

那么，到底什么才叫“理财问题”呢？

理财问题应该是：将自身各个方面的情况（包括年龄、收入、工作家庭结构、目前的资产状况等）都跟理财师进行了清晰地沟通之后，然后提出自己的理财目标，比如说希望老有所养、希望能够有充足的医疗保障，或是希望能保证孩子接受良好的教育等自身生活的目标，再询问如何利用理财手段达到这些目标，这些问题才是理财的问题。

其实，从理财问题和投资问题的不同问法就可以看出，投资和理财本质的不同是它们关心的内容不一样。投资关心的是我这笔钱如何，而理财关心的是我这个人，我希望过的生活应该如何。

因为投资和理财关心的内容不一样，当然得到的结果也就不一样。投资得到的结果无外乎：你关心钱，那么你的钱可能获得增值，当然也可能会投资失败。理财关心的是人，那么理财最终得到的，就是过上了你希望过的生活方式，实现人生的梦想。

投资和理财依据的方式也不一样。投资依据的是对市场趋势的判断，比如说对股票市场判断是上升趋势，那么可以考虑买股票；如果判断黄金会跌，那么就要卖出手上的黄金。投资的依据非常简单，就是对市场趋势进行判断，然后再决定资金的选择。但理财不一样。理财依据的是系统性的规划，涉及理财者本人的方方面面。理财不仅要考虑现有的资产该怎么配置，还要考虑未来的收入该怎么使用，以及是否有充足的保障，家庭不同成员在不同阶段消费支出该怎样安排，甚至会涉及财产的保全和继承等，所有这些内容都

是理财需要进行综合考虑的。

当然很多人把投资、理财混为一谈也是有其原因的。因为在理财的过程中必然要涉及投资。反过来说，投资其实是理财的一种工具和手段。理财的基本内容是把现有的资产做一个合理的配置，进行配置之后，再投到相应的市场上，那么这就跟投资非常类似了。

市场上有一种现在经常提到的“理财产品”，它就更不是理财了。我们知道，投资是理财的工具，那么“理财产品”只是若干种投资工具中的一种，相对来说，目前国内的理财产品还基本都是局限于比较安全、保守的短期资金配置的产品。

从大的方面来说，投资只讲到了如何用钱来赚钱，而理财不光讲如何赚钱，还要讲如何花钱、如何对抗风险、如何保全财富、如何传承财富等。这些都是理财的内容。

拿赚钱打比方。赚钱有两种方式，一种是用钱赚钱，叫投资；还有一种，用自身的能力和劳动来赚钱，这就是我们讲到的职业规划。这些也都是理财的内容。比如一个人在考虑是否应该花80万人民币再加上三年时间去读一个MBA的计划时，本质上是在做一项重大的理财决策。所以从内容的广泛性上来说，理财涉及的面非常宽泛，而投资只是若干理财手段当中的一种。

投资和理财的不同，更重要的还体现在思维方式和判断决策依据上的不一样。

举一个例子，好几年前有一对夫妻来找我问一个问题。他说，上海的房子你看会不会跌，因为当时上海出台了一系列严厉的房地产调控政策。如果我要回答他，房子会跌或者不会跌，那我就不是理财师了，因为这是投资者或者房地产市场分析师应该回答的问题。那么，作为一个理财师应该怎么回答呢？正确的回答应该是，这不是我们理财师应该回答的问题，你真正的问题是什么？其实很简单，这对夫妻他们真正的问题是，手上有三套房子，要不要卖出一套房子？如果从房屋价格的角度来思考，那么当然就取决于对市场的判断，如果觉得房价会涨，就不卖；如果房价会跌，那就卖出。但从理财的角度出发，不光需要对市场做一个判断，更重要的是，还要对其家庭的各方面状况进行分析、综合评估后才能做出决策。

这对小夫妻在过去几年陆陆续续买了三套房子。为了买这三套房子，他们不仅把之前多年的积蓄全部花光，还找银行借了大量的贷款，每个月还贷的钱占据了工资的80%，手上现在一点现金都没有。所以在这种情况下，我给他的建议非常明确：建议他卖出一套房子。

现在回过头去看，从房价的角度来看，这个答案可能并不正确，因为房价做了短暂的调整后，后面又持续上升，到了现在，已经远远超过了他当初卖出的价格。但事实上，我仍然认为这是一个非常正确的抉择。因为我们在理财的时候，眼睛不能仅盯在钱上，理财真正关注的应该是他们的生活质量。

我们来看看这对夫妻在卖出一套房子之后的生活。在这之前，夫妻俩在工作上战战兢兢，不敢有任何差池，因为一旦失去工作，他们的贷款就会成为巨大的压力。但因为卖了一套房子，他们的生

活发生了重大的变化。第一，手上现金更多了，生活质量有了极大的改善。第二，因为有了足够的现金，先生后来去读了MBA，在自身的能力和职业发展上都有了进一步提升。第三，还是因为手上有一定的资金等原因，先生后来又和几个小伙伴一起创业，现在公司做得风生水起。虽然到目前为止还没有赚到太多的钱，但是他自己感觉人生的视野、生活的状态、生命价值的提升都远远超过那套房子能带来的财富升值。

这就是投资和理财最本质的不同：一个关注的是钱，另一个关注的是人。我经常说这句话：一定要把人放在比钱更高的位置。只有“人”理好了，“钱”自然就好了。如果一个人本身的生活紧紧巴巴、乱七八糟的，那么他在财务上也是不可能获得成功的。

所以我常说这样一句话：理财就是理生活。人是理财的目标和服务的对象，而钱只是理财的手段。

其实这么多年来，我们从整体上来看的生命状态也验证了这个观点。经过几十年，中国几乎每一个家庭的财务状况都远远好于几十年前。但是，为什么在过去的几十年间，我们财富增加了很多，幸福感却没有爆棚呢？因为在过去的岁月里，我们天天就想着赚钱、赚钱，忽略了幸福感。上帝是很公正的，想要赚钱就让你赚到了钱。但我们从来没有仔细想过：我想过什么生活？我想让自己的生活处于什么样的状态？如何来实现这样的生活状态？只有你仔细思考了这些问题，并且用科学的方式在财务上去保障你实现目标，这才是理财。

总而言之，投资和理财是两个完全不同的概念，最本质的区别在于，关注的内容不同，得到的结果不同。

投资关注的是钱，这笔钱该投在什么地方，怎样用钱来生钱，那么得到的结果是你的资产可能会出现增值，当然也可能因为投资失败出现减值。

理财投资有风险，请谨慎为之。书中理财观点属个人观点，仅供参考。

理财关注的是钱的所有者——人，以及这个人和他的家庭该怎样生活。理财收获的是理财者希望过的生活。所以它不仅关注钱生钱这件事，还关注怎么赚钱、怎么用钱、怎么管钱、怎么传承钱。人是理财的目标和服务的对象，而钱只是理财的工具。所以一定要把人放在最上面，把钱当作生活的基础，理财就是“理人”，就是理生活。而人理好了，钱自然就好了。

徐建明

目录

CONTENTS

第一篇　理财师才知道的理财真相

Chapter 1　理财

Q1 理财的六字箴言是什么？ 2

Q2 理财目标最重要，该如何设立？ 7

Q3 不想做月光族，你应该如何理财？ 13

Q4 从理财角度看，该不该逃离北上广？ 19

Chapter 2　投资

Q5 贷款越多越“有钱”？ 26

Q6 如何迈出财富自由的第一步？ 31

【案例】会赚钱不代表有资产，理财还靠被动收入 34

Q7 怎样建立自己的被动收入渠道？ 39

【案例】上海富爸爸的富人思维 43

Q8 投资如种树，时间是最强大的力量？ 48
Q9 怎样用竹竿原理投资自己？ 52
【案例】30 岁想出国读书，怎么算这笔账？ 58

第二篇　让人生富足丰满的理财规划

Chapter 3　理财规划

Q1 不同类型资产的比重和配置要考虑哪些？ 64
【案例】资产配置中常见的误区 71
Q2 彩票是个人好投资吗？ 77
Q3 怎样利用股票市场赚够未来的养老金？ 82
Q4 中国股市很“坑”？哪些仍值得长期持有？ 88
【案例】开公司赚了 30 万元，
后续该如何进行规划？ 92

Chapter 4　房产购置

Q5 为什么中国人理财买房产，日本人理财买保险？ 98
Q6 买房别盲目：你理解房地产市场的规律了吗？ 104
Q7 为什么说不要用父母一生的积蓄来付首付？ 108
Q8 学区房、旅游房等特殊房产该买吗？ 113
【案例】普通工薪家庭应该如何买房？ 118

Chapter 5 常见理财工具

Q9 买黄金饰品、金条，真的能“保值”吗？ 123
Q10 银行卖给你的理财产品其实有玄机？ 130
Q11 P2P 是不可或缺的非主流金融产品？ 133
Q12 为什么不要把“保险”拒之门外？ 138
【案例】如何避免资产风险：无房单身女性理财指南 143

第三篇 家庭常见理财困境

Chapter 6 家庭投资配置

Q1 家庭做投资，千万保证现金流到底有多重要？ 150
Q2 怎样做好家庭资产配置？ 154
【案例】广州 422 家庭如何设计理财方案？ 159
【案例】40 不惑，处于成长期的高目标家庭怎么理财？ 164

Chapter 7 家庭理财风险防控

Q3 教育投资到底值不值？ 170
Q4 选择当全职妈妈，会给家庭带来经济困境吗？ 175
Q5 多子女的家庭具有哪些财务优势？ 179
Q6 如何规避突然失业带来的家庭经济危机？ 184
Q7 如何保持社会财富地位，避免老年贫困？ 188

【案例】中年危机？三线城市中年夫妇这样理财不害怕！ 192

后记 经济新变局，财富新常态：未来十年如何理财？ 199

第一篇

理财师才知道的理财真相

Chapter 1 理　财

Q1 理财的六字箴言是什么？

理财到底该怎么理？应该从什么角度来考虑呢？我总结了一下，要做好理财，必须把握好六个字。我把这六个字称为“六字箴言”：

天、地、人、技、道、势。

其中，天、地、人讲的是理财必须考虑的相关内容，而技、道、势讲的是理财应该掌握的三个方法。

所谓“天”指的是，理财对象所处的环境。理财环境包括宏观经济环境、金融环境、投资环境，乃至于法律环境、人文环境、社会价值观等各方面内容。

“地”是指理财对象所处之地能够用到的各类投资理财工具和产品，以及这些产品相关的规则制度。

“人”当然就是财富所有者本人的特征和情况。

要做好理财，必须全面地把握理财对象所处的天、地、人三个

方面的状况，结合三个方面的情况进行综合评估、分析、判断，才能够做好一个科学的、可操作的理财规划。

另三个字叫作技、道、势，讲的是理财的方法。具体来说，“技”指的是具体的投资理财的技巧、手段、操作手法等。“道”指的是投资原则、思路、方向，也就是我们反复强调的，理财的理念首先要正确。“势”可以把它理解为趋势，也可以理解为势力或是地势的高低。具体来说，就是要把握整个社会财富流动的方向，顺势而为，才能获得成功。

从“道”和“术”这两点来看，我们更看重的是“道”，而不是“术”，为什么呢？因为“道”决定的是方向，如果方向错了，技巧再好都没有用。大家都知道南辕北辙的故事。“道”讲的是开车的方向，而“术”就是开车的技巧。最终决定能否到达目标的、最重要的当然是方向正确与否。当然，只讲“道”也不行，也得学会相应的一些投资理财的技巧和方法。“势”对于我们的财富影响是最大的。有一个真实的案例，我和大家分享一下。

20世纪90年代，在浙江，兄弟俩高中毕业了以后没有考上大学，但是他们不甘于只是去找一份工作，于是自己创业，他们俩一起合伙做皮鞋生意。刚开始打拼的时候，兄弟合力、其利断金，拼命一起干。很快，生意上了轨道，开始赚钱了。但是兄弟俩就各有各的想法了，最后就“合”不成了，只好分家。于是，他们把公司卖掉，现金算起来有两百万，一人分了一百万。这时候兄弟俩一人拿着一百万，在当年已经算是有钱人了，他们都很年轻，再

精彩音频　即扫即听

干点什么呢？

那个时候，哥哥谈了一个女朋友。女朋友就说，之前你做生意忙，一直要你结婚也不结，那现在不忙了，该结婚了吧？哥哥想：反正也没什么事，就答应和女朋友结婚。女朋友又说，既然要结婚，总得买个房子吧？哥哥想：既然女朋友提了要求，那就买套房子吧，反正那时候房子也不贵。于是，他们就买了一套房子。结了婚以后，哥哥还得考虑今后干什么啊。这时，突然发现当初为了结婚买的房子涨价了，这挺不错的，房子不仅可以改善自己的生活，而且还能实现财富增值。于是他用其余的钱又买了三套房子。从此以后，天天在家里也不工作了，反正手头有三套房子出租，租金收入够吃用的了。

再看他弟弟，他也是拿了一百万，不知道该干什么了。当时股市正经历一个大牛市，上证指数达到了2000点。正好他也没事干，就参加了一个同学聚会。在这个聚会上，他以前中学的“学霸”大学毕业以后正好在一家证券公司工作，在同学聚会上就大谈股市的机会、投资股市的收益，还告诉大家有各种专家的分析报告，所以你去做股票，可以发大财。于是这弟弟的一百万就投入股市了。而且他那个同学告诉他，做股票一定要做研究、一定要勤做功课，于是他买了电脑、装了软件，订了十几份报纸和杂志。白天在证券公司大户室盯盘，晚上回家还要做功课，看电视、听股评、画K线……各种学习，比做生意的时候还忙，也顾不上谈对象、结婚了。

光阴荏苒，岁月如梭。一晃十几年过去了，现在情况怎么样呢？什么也不干、在家里待着的哥哥，一百万的资金现在变成了两千万。反过来看他的弟弟，十几年辛辛苦苦在股市上一百万的资金，做得算不错的，没有亏，还赚了一点，大概不到两百万。不过

如果考虑购买力的话，实际上还是亏了。

富哥哥 vs 穷弟弟

大家看，兄弟俩十几年前财富完全一样，十几年之后已经差距很大了，原因是什么呢？是弟弟不勤奋？弟弟不够聪明？弟弟乱花钱？都不是。其实很简单，从理财上讲，就是一个顺应了经济发展的大势，另外一个，错失了顺应大势的机会。

这里我讲这个故事并不是要鼓励大家去买房子，而是讲理财的道理。

我经常做一个比喻，理财就像是在一个商场里面，想走到楼上去应该怎么做呢？其实很简单，只要找到一部上行的电动扶梯，然后站上去，电梯自动就会把你带到二楼了。相反，如果走上了一部下行的电动扶梯，哪怕拼命努力往上走，也会发现最终还是要下来，怎么也上不去。这部向上运行的自动扶梯就相当于大势，一定要把握好这个大势，这才是获得财富成功的关键所在。

有人说，这都是命，他哥哥命好，他弟弟命不好，所以辛苦一辈子挣不到钱。其实这不是命，因为大势是可以判断的，甚至可以预判的，那些真正财富成功的人一定是顺应大势的人，所谓顺势而为者。

那么，这个大趋势既然是可以判断的，我们如何来预判财富的趋势呢？

这又要回到前面讲的“天”。也就是说，我们所处的整个社会的宏观经济环境、法律环境、金融环境、投资环境，最终决定了社会财富的流向，决定了财富的趋势。

大家可能又有个疑问了，过去十几年，买房子是赶上了这个大势，这个大家都看到了，没有异议。那么现在我们还是要拿钱去买房子吗？如果不是，那我们投在什么地方，才能赶上下一波大势，或者下一波财富浪潮呢？

这个问题的确非常非常重要。可以说，一个优秀的财富管理专家，他可以不需要掌握太多的投资理财的技巧，但是他一定要能够把握财富大的流向、大的趋势。

那么对于我们下一次财富的大流向和趋势在哪里呢？怎样能赶上呢？

在下文中，我会给大家做详细的分析和讲解。在开篇，先只做一个预告，因为这个话题可以说是财富管理、投资理财最核心的内容。

总结一下，财富管理要做好，必须掌握这六字箴言：天、地、人、技、道、势。这六个字当中，天、地、人讲的是理财需要掌握的内容。技、道、势是理财需要把握的方法。如果把这六个字再精炼一下，"人"和"势"是其中最重要的两个内容，所以做好理财总结出来的两句话就是：**以人为本，顺势而为**。

当然，整个社会财富的大趋势，反过来又受到"天"的影响，也就是说，受到社会宏观经济环境、金融投资市场，乃至法律、人文、社会价值观等各个方面的影响。所以我们要反过来好好地分析研究我们的社会环境、宏观经济环境和社会法律价值观等内容。

Q2 理财目标最重要，该如何设立？

我经常讲，你能制造一个好的理财目标，等于解决了一大半问题。

因此做好理财的第一步，就是要制定一个好的理财目标。

经常有人问我，徐老师你看我该怎么理财？这样的问题是没有答案的。因为我必须了解你的情况，比如说你有多少钱、现在钱放在什么地方、未来有多少收入、家庭结构等……然后即使有了这些材料，我仍然不知道该怎样帮你。因为我不但要知道你现在“在哪里”，还需要知道你“想去哪里”，这样我才能知道你应该怎么理财。而“想去哪里”，其实就是你的理财目标。

我经常打这样一个比喻：理财师就好像是给别人指路的。比如有个朋友，来到了我所在的城市，他刚下飞机，打电话说：“老徐啊，我来上海了，你看我现在坐什么车好？”那么对这个问题，我肯定要立刻反问他两句。第一句话问，你现在在哪？第二句话问，你想去哪儿？我必须知道这两点之后，才能告诉你，你是坐公交好、步行好、打车好，还是坐机场大巴好。能到达目的地的工具有很多，就理财来说，不同工具的选择，就相当于我现在是买股票好、买房子好，还是做别的什么好。但是，我能做出这样一个指示的前提一定是，要知道你在哪里和想去哪里。而你在哪里的问题，就是你现在的财务状况，你想去哪里就是你的理财目标。如果你不知道未来的理财目标，理论上讲，我是不可能为你提出任何理财建议的。

提到制定理财目标，很多人会说，那不就是让我资产保值增值吗？怎么能够赚到一千万？等等。

我一直反复强调一个观念：理财就是理生活。所以理财目标首先不应该是一个简单的财务目标，而应该是一个生活目标，比如什么时候想结婚、什么时候想要孩子、什么时候想退休、退休以后想过什么生活等生活状态的描述，这才是真正的理财目标。当然，最后还需要将最终生活状态的描述，转化成一个量化的财务数据。

一般来说，财务目标分为三个层次：

第一个层次是，把现在的财务理好，就是所谓我们都是活在当下的。也就是说，让自己处在一个财务健康的生活状态。比如不要负债太多，比如现金流充足、有足够的钱还贷款，日常生活该做什么事情不会缺钱等。

我们除了要关心现在，还要关心未来。比如，五年以后孩子上大学，希望他能够到海外留学；或者是十年以后退休，希望能够有一个心仪的、养老用的房子；或者喜欢车子，希望两年后能够换一辆心仪已久的越野车。诸如此类。这样未来人生阶段的生活目标是财务目标的第二个层次。

理财最终极的目标当然就是实现财务自由，这是三个层次中最高的层次。

一般来说，理财的目标五花八门、各式各样、因人而异，但大致都分成这三个状态：现在的状态、终极的状态以及未来不同年龄段的状态。

在思考理财目标的时候，大家要注意把握以下五个原则。

第一个原则是：理财目标要跟生涯目标保持一致。因为人一生的很多事情，是按照一定时间线发生的，那么你的理财目标一定要跟你人生的时间线保持一致。举个简单的例子，以前一个客户跟我说，我有很多理财目标，其中一个目标是在五年之内要攒够100万元，作为孩子未来上大学的教育费用。我本来觉得这很正常，孩子可能现在13岁了，那五年以后上大学要准备好100万元的费

精彩音频　即扫即听

用，很正常。结果一问，他孩子现在刚刚3岁。我问，“孩子现在3岁，上大学还是15年以后的事情，你为什么五年之内就要准备好教育费用呢？”他说：“我孩子的教育这个事情太重要了，一定要提前准备好！”其实只要到该用的时候准备好就行了。提前准备好跟到时候准备好，这是两个完全不同的概念。也就是说，孩子100万元的教育金，在五年之内准备好和在15年之内准备好，这两种准备的方式是完全不一样的。养老金也是同理。很多人并没有提前退休的计划，打算60岁或65岁退休，但他往往说，我一定要提前把养老金准备好。是要提前准备，但不一定要提前准备好。因为养老金需要的金额很大，所以现在就要为未来的退休提前做准备，但是需要什么时候准备好呢？在退休之前准备好就可以了，而不是在40岁就准备好退休金。理财目标的设置，跟生涯的时间节奏一定要保持一致，这是第一个原则，也请大家记住。

第二个原则是：理财目标一定要明确而具体。什么叫明确而具体？也就说，设定生活目标或者具体理财目标，一定要给出具体生活状态的描述。因为只有有了具体的生活状态的描述，才能将这个生活目标转化成具体的财务目标，包括需要的金额及时间。讲钱而不讲时间是没有意义的。比如说，“我要成为百万富翁”这个理财目标就没有意义，因为在30年前，百万富翁的这个目标就属于野心太大，但是到了现在，“百万富翁”根本就不是一个大的问题。所以，只要讲到钱，一定要跟着时间，不能含糊，要具体到什么时候赚到多少钱。例如想要拥有足够的退休金、要给孩子留下足够的教育资金等，那必须把“足够”的金额设定清楚，否则这个理财目标也是无效的。

第三个原则是，理财目标要积极并且合理。这句话说起来简

单，其实做起来比较难，大部分人会在这个地方犯错误。有的人制订的目标太高，根本不可能实现，最后只好放弃。也有人把目标定得太低了，虽然实现了理财目标，但并不能达成自己真正想要的生活状态。所以制定目标既不能太高，太高碰不到；也不能太低，太低一伸手就能碰到。最好的目标是跳起来能碰到，既给你一个努力的动力，又是一个可及的目标。

那么，为什么很多人经常在制订理财目标这个问题上犯错误？因为普通人对货币的时间价值理解不深，对复利的长期增长趋势估计不足。所以绝大多数人，在制订理财目标时，往往短期的理财目标太高，而对长期能够达到的理财金额估计得太少。

很多人在制订投资目标的时候，往往会说：我要求也不高，一年有个30%的收益就够了。对于一个长期能够达到的理财目标，比如说我经常讲的退休的1 000万元目标。很多人会觉得，怎么这个数字这么大，根本实现不了。那其实每年赚30%才是真正高不可攀的目标。而退休时有1 000万元其实是一个非常温和的目标。因为一年30%是什么样的概念呢？意味着大约两年资金就可以翻一番，十年翻五番，也就是32倍。20年就是1 000倍。如果现在有100万元的话，20年后就有10亿元。所以，显然用常规的理财方式是不可能实现的目标。我们绝大多数人犯的错误，就是短期追求高不可攀的高收益，而对财富的长期增值估计不足。所以在制订理财目标的时候，短期、中期、长期的目标要合理，长期的可以适当激进一点，反而短期的目标应该更温和一点。

制定理财目标要注意的第四个原则，就是理财目标分为短期、中期和长期，并且这三个期限的理财目标应该相互协调一致。如果有一个长期目标，你要把它分解成中期、短期的目标。比如说你现在30岁，希望60岁退休，也就30年以后能拥有1 600万元的退休金，那应该怎么做呢？如果现在手头有200万元，那很简单，几乎不用再追加资本了，200万元本金的话，一年收益7.2%就够了。一年收益7.2%，10年翻一番，30年翻三番，200万元就变成了1 600万元，据此，需要制订的短期理财投资的目标，就是一年的收益率要达到7.2%。如果每年还能够在工资收入结余当中，再追加资金的话，其实收益率7.2%都不用，有五六个点就够了。

制订理财目标最后一个原则是：理财目标要确定一个优先顺序。因为人的欲望总是很多的，这些欲望不一定都能实现。在这些欲望不能都实现、产生冲突的时候，首先放弃的是什么？举例说明，比如我有三个理财目标：①我希望3年以后换一辆心仪的越野车，需要50万；②5年以后孩子要上大学，想要给他准备150万；③十年以后退休，需要准备800万元养老金。如果这三个目标都能实现，那当然最好。但如果财务发生情况，比如本来有份不错、年收入50万的工作，现在工作没了，影响到三个理财目标的实现，必须放弃一个，那应该放弃哪一个？那么，需要做的就是确定事情的优先顺序。比如，刚才三个理财目标就可以很好地做出选择。首先放弃的肯定是买越野车，其次放弃的可能是养老，是不是可以把800万元调整成为600万元呢？最后实在没办法的话，也只能适当地减少一点孩子的教育经费。这就是理财目标的优先顺序。

所以，大家看到，要制订一个好的理财目标并不容易，这里特别提醒大家，制订理财目标，一定要客观分析内心的真实想法和需求，不要人云亦云。比如现在出国留学很热，是不是一定要把孩子的教育目标定为送去国外读书呢？那如果孩子不愿意去读或者更适合在国内发展呢？所以目标要结合自身的情况再决定。毕竟我们每个人都是为自己而活，不要活在别人的目光里。

Q3 不想做月光族，你应该如何理财？

现在有一个普遍的问题，很多在城市里工作的白领，特别是还很年轻、没结婚的那些人，他们在大城市工作，工资也不低，多则上万，少的也有五六千。但是一个月下来，几乎都存不起什么钱来。他们也想理财，但没有积蓄，无从理起。这些人不是主动的月光一族，因为他们并不追求主动型月光族有多少花多少的生活态度，而是面临着一个核心问题：被实际生活所迫，根本存不下钱，以至于无财可理。这种情况应该如何解决呢？

月光族

我提几点小建议，希望对大家的理财会有所帮助。

第一，因为工资不高而攒不下钱的时候，不要太着急，不要硬存钱。为了存钱而存钱，乃至于很多必需的消费都无法实现，这也是不对的。如果现在工资确实不高，那么就把主要注意力放在怎么提升职场竞争力、怎样提升劳动收入上，在这方面做文章、下功夫。

李嘉诚说过，一个人在年轻的时候，收入主要靠劳动性收入。到了一定年龄，收入达到一定阶段，有了一定积蓄后，慢慢地，他的财产性收入（也就是靠钱赚的钱），才有可能成为他收入的主要

部分。所以一个职场新人，特别是刚来到大城市的年轻人，在最初的一两年很难攒起钱来，是可以理解和接受的。即使如此，如果确实因为工资比较低而攒不下钱，那么手上至少也要有一些应急金。所谓应急金，就是至少要存有一到两万元，这个钱是不能用来消费，无论如何要留下来的，以应对不时之需，比如突然的失业、意外或是生病等情况。

第二，攒不下钱，有一种情况是因为工资比较低，比如在一线城市只能挣到三五千以内，那存钱是有点难度的。这主要在提醒你的赚钱能力可能没那么高。如果在一线城市还只能挣到3 000元，那么可能这个城市就不太适合你。也有很多人，收入是不错的，少的有五六千，多的上万甚至更多，但也存不下钱来，那问题主要在什么地方呢？主要问题就在于消费习惯。很多人告诉我，他也很节省，怎么就是攒不下钱？他所谓的“很节省”，也就是在他的概念里，他没有乱花钱，但事实上他已经在乱花钱了，这就是消费习惯的问题。解决这个问题的办法，教大家两招。

第一招是老生常谈，但是确实有效，就是做记录，把花的每一分钱都做一个记录。原来记账这件事其实挺麻烦的，但现代的交易工具给我们带来了极大的便利，几乎购买所有东西，哪怕在超市买一点东西，都可以用微信或者支付宝支付，这样就能自动地产生账单记录了。然后需要大家对着账单做一件事情，就是在每个月底回忆一下这一个月花掉了多少钱？钱都花在什么地方？月光族都有一个共同的特点，就是不知道钱花哪去了。比如说一个

精彩音频　即扫即听

月挣1万块钱，到月底一分钱都没了，那钱到哪去了呢？你如果问他，他通常只记得几项主要开销：房租多少、手机费多少、交通费多少、打车多少、请客吃饭多少等，能够记得的就这些主要支出，但这些主要支出加起来也只有六七千，还有两三千块钱就不知道花在什么地方了。可能就是零零星星地花掉的。

所以需要做记录，并在每个月月底将这个月花掉的钱列出来，再自行判断：哪些钱是必须要花的？哪些钱是可花可不花的？最后再进行总结，以后不要再犯同样的错误。

如果总结发现，每一笔钱都是必须要花的，那么可能你现在的消费水平是你目前的收入水平所无法承担的。这时要做的就是，降低消费水平，比如说买东西时买低一个档次的、租个小点的房子等。因为既然想攒钱，就要在消费上相对有所节制。

绝大多数情况是，消费水平跟收入水平基本是一致的，之所以没有攒下钱来，是花了很多可花可不花的钱，而这些钱合计起来可能就占到每月收入的20%~30%了。所以要想攒下钱，第一件事就是知道自己的钱花到哪儿去了，然后再有的放矢地调整消费。

再教大家一招，就是把消费和存钱的顺序对调，这个方式似乎很简单，但确实很有效。普通人是消费完了，余下多少存多少，结果就很难存起来。我教大家的方式是先存钱后消费。比如说一个月赚了8 000元，希望能存2 000元，那怎么办呢？就先把2 000元钱存起来，然后根据余下的6 000元钱，计划这个月怎么过。那么，就相当于你的工资就是这6 000块钱，其实一样能够生活。

所以说，月光一族和会投资理财的人，最大的区别就是消费的优先顺序。月光一族，先尽情消费（或者意识到要省一些钱），然后到月底把余下的钱都存起来。而真正会投资理财的人一定是投资

理财优先，先把该存的钱存起来，再把余下的部分用掉。如果到了月底，预计要消费的钱还没有花完，甚至可以犒劳一下自己，买一个心仪已久的东西。比如赚了8 000元，存了2 000元，到了月底，发现这个月只花了5 500元，还有500元怎么办？可以给自己买一件一直想要的礼物，或是跟朋友去吃一顿大餐，犒劳一下自己。

所以想成为理财的能手，消费的优先顺序是非常重要的。消费的优先顺序应该是什么呢？给大家分享一下我的观点。

第一，优先为国家。也就是说挣到钱的第一件事情是要交税。这是法律规定，我们必须这么做。实际上，我们拿到的工资也都已经交完税费了。

第二，为保障。该交的养老金、失业金、医疗金等几险几金一定要交足。该交的一定要交，而且是优先交。事实上，绝大多数时候都是把它提前扣掉的。

排在第三位的消费是什么呢？就是责任，你要承担的相应责任。比如如果向银行贷款了，那么还贷的钱要优先支出，这是你的责任。借钱还钱，天经地义。如果家人依赖于你寄钱过日子，那么这时候也要优先考虑，比如一个月里需要给家人寄1 000元，而不是到月底再看，多省一点就多寄一点，实在省不下来了，也没办法。不应该这样，而应该先寄，答应寄1 000元就寄1 000元，因为这也是你的责任。

第四笔消费要做什么呢？强迫性支出，必须要优先支付。所谓强迫性支出，也就是没有弹性的支出，比如说房子是租的，那租金要先支出；比如说上班的通勤成本，也是必须支出的；比如说水电煤、交通、手机费用，都是生活中最基本的需要，那一定要优先支出，没有讨价还价的余地，相对而言也几乎没什么弹性。对于这些完全没有弹性的强迫性支出，你一定要提前准备，该买的买，该留的都要留好。

第五件事，按照我前面讲的原则，为未来再留一笔钱。这笔钱，就是计划留多少就要留多少了。比如说，一个月挣8 000元，计划留2 000元，这时候要把这2 000元先留下来。

排在之后的支出则是生活的基本支出，比如说吃饭、穿衣等。有人可能觉得这些不是最基本的支出吗？对，这是基本支出，但是这些支出的弹性是非常大的。一个月留2 000元用来吃饭，可以很轻松地就花完了，而一个月只留1 000元吃饭，营养一样也足够。至于购衣费用，对女孩子来说，她永远缺一件衣服，没有足够的时候，所以只要适度购买，可以控制在合理的范围之内。那么吃饭、穿衣这些支出，相对来说不是那么紧迫，也不是那么强制，所以放在靠后的阶段。

把这些基本开支都预先支出完了，后面的开支就都属于弹性支出了，有富裕的钱可以支出，如果没有的话，不支出也行。这些弹性支出包括娱乐、社交、进修、培训、爱好、旅游等。这些支出，对我们的生活品质有较大的影响，但毕竟不是必要支出，而且弹性很大，可以花很多钱，也可以一分钱不花，所以这个支出就放在后面了。

再最后，就是奢侈性支出。奢侈性支出就是把前面所列的支出都支出了之后，还剩下钱，那该消费就消费，因为这已经是额外节约出来的钱了。因为该承担的责任、给未来的保障、生活品质的保障、对自己晋升学习的安排，这些都已经安排了，同时日常生活也安排很好。那么如果确实还有结余，当然就可以做一些奢侈性安排。

但是如果每个月都还剩有很多钱可以进行奢侈品支出，那么说明两点：第一，生活品质安排得相对低了，可以把日常生活的品质安排得更好一点；第二，结余比例相对低了，可以适度提升结余比例。一般来说，最后的奢侈性支出，可能有些月份没有，有些月份有一点，这才是比较合适的规划。

如何花钱，看起来简单，实际上却是决定我们未来财务状况的一件非常重要的事情。有人说，赚钱是一门手艺，但花钱是一门艺术。学会花钱，确实需要动点脑筋，做好规划和安排。也有人说，花钱还需要安排，太麻烦了。确实，如果每个月都要这么安排的话，那累死了，但如果坚持做规划，然后按照规划来进行安排，只要坚持三个月，之后，这就会形成一种消费习惯。一旦建立起了一个良好的消费习惯，就是在为未来的财务状况打下一个良好的基础。而很多人之所以存不起来钱，或者理不了财，往往就是缺乏这样一个良好的消费习惯。

Q4 从理财角度看，该不该逃离北上广？

我常说，当你要做好理财的时候，就必须对你的生活有明确的规划。近年来，人们对“年轻人是不是应该到一线大城市去工作”这个问题争议不断。当然，这是没有统一答案的。这跟理财是一个道理，每个人的情况不同，结果当然不同。但我们可以来分析一下，留在北上广深和回到家乡对人生有什么样的影响？

有人“漏夜赶考场”，有人“辞官归故里”，这无所谓对与错。但是，漏夜赶考场的一定是年轻人，如果像范进一样，50多岁了仍在为一个举人拼命，我认为那就是错的。同样，在正是年富力强的三四十岁，有人说我要辞职不干了。我认为这不是一种人生的智慧，反而恰恰说明他的锐气已经消沉，丧失了再站起来拼搏的勇气。所以，无论是辞官归故里还是漏夜赶考场，虽然人与人不同，但还是有一些基本原则的。

我的观点是，年轻的时候，哪怕辛苦一点也要努力去寻找更多的机会，创造更多的发展空间，丰富更多的人生可能性。但是到了一定的年龄和阶段之后，也应该适当地为自己美好的人生留下另外一种生活方式的空间。

在理财上，我经常对那些已经获得相当成功的高净值人士提出一个概念：“知止”，即钱永远没有赚够的时候，你需要有一个目标。设立目标的意义和价值不仅是促使你去争取，也告诉你达到了这个目标，该停就要停了。至于年轻人为什么需要努力寻找更多的机会，哪怕辛苦一点也要去创造财富的原因，其实与一个人的幸福方程式有关。

理财最本质的目标是追求个人幸福满足感的最大化，也就是把你个人的幸福方程式在从出生到去世整个一生的时间，进行求积分。为了使积分值达到最大（也就是一生的幸福感最大化），就需要知道，我们的幸福方程式与什么有关。人的幸福是一个心理指标，不光与你在这个世界上获得多少东西成正地相关，同时也与内心的欲望成反比。也就是说，欲望太大了，你哪怕得到更多，仍然

不觉得幸福。如果能把欲望放低，那么很多人可以获得更好的幸福感。所以，人的幸福方程式：幸福感跟我们拥有的成正比，与我们内心的欲望成反比。

那是不是我们降低欲望，回到家乡过小日子就能很幸福了？我的答案是否定的。还有另外一个规律，那就是人这一辈子能够获得的东西与他的目标和欲望成正比。这就是我反复强调树立人生目标的原因。

我给大家举个例子，哈佛大学曾经做了一项研究。一个团队跟踪一群毕业生，观察那些毕业生今后比较成功？谁相对一般？谁不太成功？然后把这些不同的人群分类，分析他们有什么共同的特点。几十年后，研究者发现这些毕业生的人生大概分成三个层次：第一层次是非常成功的人，他们成为各个领域的领军人物；第二层次也比较成功，他们成为各行各业的精英人士；当然还有第三层次，他们相对就没那么成功，做着一份普通的工作，甚至还不算太稳定，相应的社会地位和认同度也不高。研究者进行进一步分析，同为哈佛大学毕业生，为什么他们的人生会发展成三个不同的层级呢？这三个不同层次的人群，各自有何特点？是不是第一个层级的人学习成绩最好，家境最好，或者是努力程度最高？而最后一个层级恰恰相反呢？最后发现，一个人的成功与他的学习成绩、家庭情况、努力程度都不是直接相关的，而是与他们在大学毕业时填写的一份人生目标调查直接相关。

精彩音频　即扫即听

这份调查发现，那些几十年后成为各行各业领军人物的顶尖人士在他们大学毕业时，都对自己的人生有一个清晰的规划和目标。而处在各行各业精英阶层的人，在大学毕业时对未来的人生和职业发展有了一些模糊的想法，但并不是很清晰。而处在第三层级、相对不那么成功的人与其他人最大的区别就是：当时他们对未来人生目标、职业发展的规划完全是茫然的，甚至是走一步算一步。

最后这个延续了几十年的调查得到的结论就是：人生目标和人是否获得成功直接相关，同时也是决定人生是否成功的最重要因素。

总结我刚才提到的两个规律：一个是人生的幸福方程式与人的所得成正比，和他的欲望成反比；另外一个规律就是人生的所得与人的欲望和目标成正比。那些真正成功的人士一定有着强烈的进取心和明确的目标。

这两件事情结合在一起就说明了一个基本现象：人们来到这个世界上，他们获取的财富，差距可能非常大，但是一个人的幸福感跟他的财富值并不是直接相关的。财富成功的人可以获得更好的人生幸福感，同样财富不太成功的人也可以获得很好的人生幸福感。反之，也是如此。很多财富成功的人非常痛苦，同样很多财富不成功的人也非常痛苦。所以我们说穷人有穷人的烦恼，富人有富人的麻烦。似乎一个人的幸福感跟他的财富值没有非常清晰直接的关系，我们对人群幸福感的调查结果也证实了这一点。

那么既然是这样，如何才能让我们一生的幸福感变得更高呢？我这里有一个建议。就是你在年轻时，一定要对自己有要求、有理想、有抱负，具体包括到大城市去寻找更多的可能性。因为只有这样，人生才能达到一个相对较高的高度。从财富上来说，你的整体财富值也才能达到一个相对更高的水平。当然，在这个过程中你可

能并不幸福，因为你财富水平的增加与内心欲望的增加是同步的，幸福感则从中互相抵消了。所以，年轻人在大城市打拼的幸福感似乎并不高，但这也绝不意味着就比那些回到自己的家乡过安逸的日子的人来得更低。但是只有你达到一个相对的高度，在年轻的时候积累了足够的财富之后，你的未来才会有退路。也就是说，未来当你规划人生“止”、辞官归故里的时候，人生的欲望才有下降的空间。这个时候你的财富水平并不因为你的欲望放低就消失了。因为那时候你的财富水平仍然在高位，但是欲望已经放低了，所以后半辈子的你，人生的幸福感将会获得极大的提升。反之，如果你不在年轻的时候努力拼搏，年老时也没有给自己的欲望留下进一步放低的余地，那么幸福感也无法获得很好地提升。那些辞官归故里的人大都是已经经过了漏夜赶考场、金榜题名并获得事业成功等考验的。

所以，对于年轻人来说，正确的选择就是在你年轻的时候一定要去漏夜赶考场，但是等你到了一定的年龄之后，你要记得辞官归故里。而绝不仅仅是年轻的时候害怕竞争、害怕辛苦！

另一个规律也证明了年轻人一定要去北上广深这些大城市闯一闯。大家都知道在一个人口越多的城市，经济越发达，机会也越多。但大家不知道的是，机会的多少和城市的人口之间存在着一个超线性的关系。

比如：一个10万人口的城市和一个百万人口的城市相比，百万人口城市的创造力和财富水平不是这10万人口城市的10倍，而是10的1.25次方倍。举个例子，如果你的家乡是一个6万人口的小县城，现在你来到一个500万人口的城市，哪怕其他各个方面都没有任何变化，但你在500万人口的城市里创造的财富，平均来说就将会是你在一个6万人口的小城镇里创造的财富的3倍。从整个城市来说，一个500万人口的城市和一个6万人口的县城相比，它的创造性、GDP、人生机会和发展机遇，不是人口数字的80倍，而是比这个数字还要高出3倍的240倍，因此所有人的机会都增加了3倍。

其实这个规律也说明了一点，城市才是人类未来发展的方向。人口的聚集极大地提升了我们的创造力和效率。所以从城市规划来说，人为地限制大城市的发展，其实是不明智的。当然很多人会说，大城市有大城市的弊端，小城市也有小城市的优势。各有利弊这话不错，但总的来说，大城市能够给我们带来更高的效率、更大的创造性、更多的机会、更多的人生可能性。

当年轻时在大城市拼搏过之后，到了中年、老年，你们可能不会再想回到家乡了。我们都回不去了，而城市才是最适合人类生存和生活的。

关于是否应该逃离北上广这样一个问题，还有一些观点可以跟大家分享。前文所提到的“人的幸福感正比于你所获得的、反比于你的欲望”，这主要是跟自己相比。但事实上，人对于幸福的感受不光来源于自己，也来源于他人。年轻人更加喜欢跟他人比较。他们对自己的定位、成功、认知等各方面都是通过跟别人比较来确认的。如果你待在你的家乡，这是一个小地方，也许生活比较安逸，没那么大的压力。当你把自己欲望放低的时候，你甚至会觉得自己挺悠闲的。但是不能比，一旦你发现你的同学、朋友们都获得了成功时，你将会有极大的失落感。这个时候，你就不能只生活在自己的世界里了。因为我们时刻与周围的人联系在一起，我们是跟社会方方面面有千丝万缕联系的。所以我常说，一个人的幸福感不取决于你拥有多少，而是取决于你的邻居和同学拥有了多少，就是这个道理。

对于中国的年轻人，这一点尤其突出。只有当一个人成熟了，有了一定的社会阅历，对自己真正想要什么，有清晰的价值判断和选择的时候，他反而更在乎的是内心的感受，外来的评价已经不太重要了。所以我们年轻的时候还是要到北上广这样的大城市去寻求更多的机会，年纪大了才可以考虑“止”，才考虑放缓，才考虑退，才考虑享受人生。

一个在城市经历过各种努力与拼搏的人在海边享受阳光，和一个从小生活在海边的人天天晒太阳，感受自然是不一样的，虽然看到的是同一个太阳、同一片沙滩和蓝天，但是在这两人的眼中，这却不是同一个概念。这就是人们常说的，人生有三重境界。第一个境界，看山是山；第二个境界，看山不是山；第三个境界看山又是山了。第一层的看山是山与第三重的看山是山是截然不同的人生境界。

我们要懂得，有人漏夜赶考场，有人辞官归故里，但是你至少先当了官，你才能辞官。

Chapter 2 投 资

Q5 贷款越多越“有钱”？

本文主要来谈一谈负债。负债，在中国的传统观念里面是一个很不好的东西。至少对于我们的老一辈来说是这样的，他们宁愿储蓄，但是绝对不要负债。如果一个人欠了很多债，在我们印象当中，他肯定是一个“败家子”。但是你们会发现，对于现在的年轻人，债务几乎是他的财务生活中必不可少的内容了。他们买任何东西都负债，买房子要负债是理所当然的，甚至买车子也负债，去旅游也负债，什么都可以负债。极端的情况是，有的人买房子要付首付，连他的首付都要负债，要通过贷款的方式来付，然后再找银行贷款来买房。

这种杠杆加杠杆的方式，让杠杆极度放大，其实是很危险的。比如说，前不久有一个轰动一时的华为员工的案例：这个人在买第二套房的时候，首付钱不够，找了P2P公司贷款，付了首付，再找银行贷款买了房。这样贷款加贷款放大的杠杆，最后让他的财务出

了问题。原来的那套房子的贷款、加上第二套房首付的贷款、加上第二套房的贷款，三个贷款合起来，每个月得还几万块钱。就是这几万块钱，在他下岗后，令他的财务彻底出现了问题。

但是，对债务这件事，既不能像老一辈一样一味地排斥，也不能像现在一些年轻人那样滥用债务。理论上讲，债务并不一定是坏事情。可以这么想，我们每个人都有一个资产负债表，这个资产负债表是什么样呢？就是：左边是你的资产，右边是你的负债，那你的总资产等于什么呢？总资产＝净资产＋负债，那意味着什么呢？意味着，如果你的负债增加了，你的总资产相应的也就增加了，也就是说，你可以通过负债的方式来扩大掌控的总资产的范围。尽管欠债绝对不会增加你的净资产，但是可以扩大你能够掌控的财务资源的总量。

通过适当的负债，第一能够让我们提前消费到我们想消费的东西，第二可以扩大我们的财务资源。当然，负债（也就是所谓的杠杆），可以加大资金的使用效率，同时也加大了风险。

所以，债务这个事要客观地判断，不能简单地说它好还是不好，关键是要合理地控制债务，让债务控制在一个合理的范围内。

那么，什么样的范围才叫合理的范围呢？这不能一概而论。一般来说，有两个常用指标。

对于个人家庭理财来说，第一个指标是，负债率不要超过50%。这什么意思呢？所谓负债率就是你的负债比上你的总资产，即：负债率＝负债/总资产＝负债/（负债＋净资产）。那么，这个数字要小于0.5。相反，说你的负

精彩音频　即扫即听

债金额要低于你的净资产，比如说你所有的净资产加在一起是100万元，那么你再去欠的债，不要超过100万元。欠80万元，问题不大。负债率不要超过50%，这是一个很重要的指标。

第二个指标是什么呢？既然负债，就得还债。大部分还债的方式都是按月来支付的，无论是贷款买车还是贷款买房，甚至贷款旅游，都是按月来支付贷款。那么，第二个指标就是，按月支付的、偿还负债的支出金额，一般不要超过固定收入的1/3。

举例来说，如果夫妻两人一个月收入3万元，那么能够承担多少债务呢？每个月要还的贷款，金额不要超过所有收入的1/3，也就不要超过1万元。在这种情况下，无论是总债务成本还是短期债务支付能力，都没什么太大问题。

判断债务合理不合理的两个基本指标：一是负债率不要超过50%；二是每月的负责支出不要超过稳定收入的1/3。这两个标准你如果不超越或者是稍微超越一点、不是大幅度超越的话，一般来说，家庭的债务问题不大。

但是，讲到债务问题的时候，不能简单看欠了多少债，关键是欠了什么债？你的债务是优质债务还是劣质债务？

什么叫优质债务？什么叫劣质债务？负债后拿到钱是去购买资产的，那么这一类债务一般是优质债务。比如说欠银行的钱，拿这笔钱去买了房子，那么这是一个优质债务。但是如果借了别人的钱，拿这笔钱去消费，而通常这种消费可能是过度消费或者提前消费。为什么这么说呢？比如说你现在买车要贷款，那意味着你现在没有足够的钱来买车，既然现在买车子的钱都没有，还要消费去买车的话，就有提前消费之嫌。这样的消费当然就是属于过度消费、或者说提前消费，因为超出了你的消费能力。这种为了提前消费而

进行的负债，通常就叫劣质债务。

第二个标准是负债的利息成本过高。一般来说，债务的利息超出了当时社会基准利率的五倍以上，就属于恶性的劣质债务。什么是社会的基准利率呢？我们可以把它理解为无风险利率。比如说，到银行买一个绝对没有风险的理财产品，它能够给你多少利息？这个年化的利息大约就等于现在市场上的无风险利率。比如，现在大约是三个点的利息，这个时候如果有个负债的利息达到15%甚至以上的话，这种债务一定是劣质债务，一定要小心，这种债务千万不要负。最典型的劣质债务就是高利贷、民间高利借贷，这一定是劣质债务，碰都不要碰。

其实，还有个被大家忽视的劣质债务，就是信用卡负债。现在大家消费都刷信用卡，这没什么问题，因为信用卡有它的优势，方便、可以记账，还有个免息期。但是记住了，如果刷信用卡消费，一定要在免息期内一次全额还清，绝对不要留尾款，也不要分期付款。一旦留尾款和分期付款了，它就要按照信用卡的利息来征收利息了，这个金额虽然不大，但是利息率非常高，一般年化利息约16%~18%。这就是一个利息非常高的劣质债务，大家千万不要背负这样的债务。

讲到债务问题，还有一个非常重要的债务问题就是，民间互相借贷。这种互相借贷，在不认识的人之间会产生高额的利息，就是所谓的高利贷，而熟人之间的借贷往往又会产生其他一系列的延伸问题。比如说，本来两个人是很好的朋友，因为私人借贷，可能导致最后连朋友都做不成。最重要的是，私人借贷，无论是把钱借给别人还是找别人借钱，往往互相之间没有立下相应的字据或者字据不符合规范，那么就会导致整个借贷过程不受到法律的保护。所以，无论是把钱借出去的，还是找别人借的，最后可能都会带来伤害。所以原则上，我们不建议私人之间互相借贷。如果一定要借，最好签署一个专业的借贷契约。

这是关于负债这件事的几个需要知道的问题。其实关于负债，一定要适应它、习惯它、了解它、好好地学习它。因为债务已经成为我们家庭生活中永远也不可能规避的一件事情了，是家庭财务所必须面对的。作为一个现代人，一定要学会如何鉴别优劣质债务，学会控制债务水平，在充分利用债务杠杆的同时，保证债务不对你的整体财务构成严重危险。

关于债务问题其实有一个非常重要的现象大家值得了解。我们发现，在我们的周围负债多的人往往更有钱。比如大家都去银行，普通人去银行主要是借钱给银行当银行的债主（存款），而拥有大量资产的企业家到银行主要是去借钱，以增加负债。所以有钱人是因为借钱多才成为有钱人的呢？还是有了钱所以才能够到银行去借钱？我的观察，主要是前者，也就是那些财务获得极大成功的人常常是通过高负债的方式实现的。这固然一方面是因为高负债意味着加大杠杆，使得投资的收益更高。另一方面也是因为中国货币政策，客观上是起到了社会财富从债权人向债务人转移的效果。所以在过去几十年，中国负债越多的人往往财务越成功，而只会当债权人（存钱者）的人相对越来越穷了。未来还会是这样吗？关键看国家货币发行速度。如果未来我国货币发行速度降下来了，这个现象也会有所改变。

Q6 如何迈出财富自由的第一步？

我们看到，生活中有一个很有趣的现象就是，一个人的幸福程度和他拥有的金钱几乎是无关的，似乎金钱并不能带来幸福。但我们在日常生活中又能发现，钱是可以给我们带来幸福的，比如说，捡到100元或者这个月单位多发了500元奖金，都会让我们开心很多，这些钱不是就带来幸福了嘛？

那么，到底钱能不能给我们带来幸福呢？

要回答这个问题，我们需要先搞清楚几个概念：财富、资产和金钱。这是三个完全不同的概念，但是很多人常常把这些概念混淆，甚至直接混用。正是这些概念的混淆，导致产生了很多的歧义和误区。

其实财富、资产、金钱是三个完全不同层面的概念。所谓金钱，就是可以换取产品和服务的一般等价物，通常就是现金、存款。这是一个相对比较清晰简单的概念。

资产跟金钱不一样，资产的本质是能够产生收益，比如说一家企业、一个股权、一个债券或者一处出租的房产等，这些可以称为资产。那么，

之所以它们能够称为资产，是因为可以在未来给你带来收益。所以产生收益是资产的本质属性。反过来也可以这么说，凡是不能在未来带来收益的，就不能叫资产。比如说，你有一辆代步的汽车，这就不是资产，因为不能带来收益，它只能给生活带来便利。

当然，金钱和资产这两者之间，有的时候也是可以互换的。比如说，用钱去买了股票，那么钱就转化成资产了。反过来也可以将股票卖出，将资产换回了钱（也叫套现）。所以，钱和资产的区别并不明显。比如说，放在银行的存款到底是资产还是现金呢？这其实没有清晰的区别，我们一般的定义是，活期存款算现金，但定期存款通常算是资产。当然，从专业的角度来说，这个活期、定期中间的期限是什么呢？我们是以年为界限。如果你的钱放在银行，买了一个短期的理财产品，那就是和现金一样，但是，你如果买的是股票、一年以上的债券、信托产品等，就算是资产了。

金钱和资产的概念这么模糊，还有必要再咬文嚼字来区分它们吗？非常有必要。我们经常说，一个人要获得财富成功，一定要向有钱人学习。其实这句话不对，我们身边或媒体上经常看到的那些财富成功的人士，他们不一定有很多钱，甚至经常看到这些人常常缺钱、到处借钱。你们会发现，有钱人到银行去的主要工作不是去存钱，而是去借钱。所以，通常意义下的有钱人和穷人最大的区别，不在于是否有钱，而在于是否有资产。

在这里，可以给大家一个指标，这个指标叫创富指数。创富指数等于什么呢？等于你的资产比上你的现金。我们发现，有钱人和穷人的最大区别就在于，创富指数的大小。有钱人的创富指数远远大于1，也就是他们拥有的资产远远超过拥有的现金。而穷人呢，往往创富指数小于1甚至等于0，他可能手上有钱，银行里存了20

万块钱，但是他一分钱资产都没有。这就是典型的穷人。要想实现财务的成功，创富指数一定要有所提升。如果你现在创富指数还小于1的话，你首先要做的改变，就是增加资产而减少现金。

那么金钱和资产，跟我们的幸福有关吗？很遗憾，是无关的。那么什么与幸福有关呢？这就是我们要讲的第三个概念：财富。

一般来说，财富的含义也有两个层面，分别为窄义的财富和广义的财富。窄义的财富，就是我们通常所说的，物质层面的财富，比如说金钱、资产，以及所有能够让我们生活变得更好的物质，比如说住宅、家具、汽车、奢侈品、收藏品等，这都可以称为财富。而广义的财富概念就更大了，不仅包括物质的财富，还包括所有能够让我们生活变得更美好的，比如健康的身体、丰富的学识、生存的技能、平和的心态、人生的经验、良好的社会关系、和谐的家庭及夫妻关系等。这些非物质的财富，有时候对人的一生幸福感影响可能会更大，特别在基本物质条件已经获得满足的情况下。所以，金钱、资产与幸福无关，但是财富与幸福直接相关。

财富的内涵很广。资产和金钱都属于财富，但是财富的内涵远远超过了这两个概念。即使窄义上的财富概念也要大于资产和金钱。比如说，一辆代步工具，它既不是现金也不是资产，那是什么呢？它是财富。一辆代步的工具无疑可以让我们的生活变得更方便、更舒适，因而也更幸福，当然就是财富。财富增加了，一定会让我们变得更幸福，但是金钱增加则不然。我卖了一套房子，钱多了，会更幸福吗？并不一定。我卖了一个肾，钱也多了，会幸福吗？更加不是。因为在这两种行为中，尽管钱多了，但是前者减少了一套房产，后者让我失去了健康，总的来看，财富并没有增加，当然也不会幸福。

明白了这个，就可以明白一件事情：为什么多发了500元的奖金会让我们更幸福？因为这件事情是在其他状态不变的情况下，钱多了，那当然是幸福的。但是如果这是靠牺牲别的来获得的，就未必变得更幸福。比如说这500元是靠牺牲整个周末，本来准备陪孩子的时间，去加班赚来的，那你就很可能不仅不幸福，还可能很痛苦了。

其实我这里详细区分金钱、资产和财富，就是想表达一个观点：为什么我们在过去的几十年当中，拥有的金钱和资产都增长了几十倍甚至上百倍，我们的钱是多了，但是我们的财富更多了吗？恐怕不一定。原因很简单，我们为了赚到更多的钱，变得更加忙碌、更加紧张，牺牲了很多生活中的乐趣，尽管挣来了钱，但并没有增加总体财富，当然他的幸福感也不可能随着钱的增加而增加。

理财这个话题很容易把思想就局限在怎么赚钱上。但是，理财的目标并不是赚钱，而是为了让你变得更加幸福。因此，理财的目的并不是简单增加钱或者资产，而是让你的总体财富有所增加。

【案例】会赚钱不代表有资产，理财还靠被动收入

我想跟大家分享一个真实的故事。

故事的主人翁是一位上海的孙女士。20世纪80年代的时候，她在上海的一个菜场里承包了水产部门。那个时候她一个月的收入达到4 000元。4 000元是什么概念呢？当时一个普通人的工资一年大约一千元，而这位孙女士一个月挣4 000元。后来到了九十年代

初，她的先生又成了一家合资企业的总经理，收入也非常高。所以他提议孙女士不要再去卖水产了。于是孙女士就待在家里，啥也不做，反正家里钱多得数都数不完，专门买了一个柜子放钱。但是好景不长，因为生活的变故，她和她先生离婚了。而且，那几年虽然挣得很多，但是花钱也如流水，因为挣钱太容易了。所以她并没有太多的积蓄。

但是孙女士还是很能折腾的。1992年，中国股市发行认购证，孙女士又非常幸运地抓住了这次机会，买了很多认购证，获取了很多原始股。她拿到了这些原始股以后，自己又追加了几万块钱去投资，天天在股市里操作。几年后，认购证的原始股加上后期投入的几万块钱，最后只剩下5 000元，她认输退出了股市。

但是孙女士不服输。当时商品经济开始发达，于是她又在一个商场里面租了几个柜台去卖皮鞋，生意也做得特别火。最旺的时候，每个月的流水达到几万元。她聘了两个营业员，这两个营业员每个月的工资就达到1 500元！20世纪90年代初的时候，一般人的工资只有一两百块钱。但是很遗憾，没过多久商场改制，不准对外出租了。她没有柜台以后，生意也做不下去了。于是孙女士又折腾其他的。她之后又卖过刨冰、珍珠奶茶、油炸香酥鸡、小菜，甚至推着自行车走街串巷卖肥皂。到了2000年之后，她的收入越来越低，最后，一个月只能挣到几百块钱，勉强维持生计。

孙女士找到我，问："为什么我这么勤奋，也抓住了各种机会，我的财务状况却这么糟糕呢？"

孙女士的折腾史

我看孙女士的时候，眼前浮现的其实就是一个典型的50年代人的特征。这一代人的特点是勤勤恳恳、任劳任怨，大概就是我们这本书的大部分读者的父母。这一辈人，历经磨难但是非常令人吃惊的是，这一代人是天生的乐观主义，对未来永远充满了信心。

就像孙女士在这20多年的风风雨雨中，尽管命运无常，人生大起大落，但绝不向命运低头，屡败屡战，始终保持着对生活的乐观和渴望。孙女士个人的经历，又让我们看到了一部典型的中国个体户的演变。

20世纪80年代改革开放初期，市场经济尚处于萌芽状态，是典

型的短缺经济时代。在那个时代，只要能够提供稍微贴心一点的产品和服务，就可以获得消费者的认同。因此，那些最先下海的人迅速获得了普通人难以企及的收入。

但是随着市场经济的发展，这些最基本形态的、朦胧自发的市场经济形式必然被市场所淘汰。最先富裕起来的那些个体户，现在真正发展得好的一百人中剩不到一个。一方面，市场经济日益发展，他们跟不上时代的步伐，另一方面，更重要的是社会现状和经济环境在急剧变化，而这一代人群几乎没有继承到任何市场经济和投资理财的传统和经验，对于理财、资产、金钱的概念完全没有正确的认识。

在过去的将近20年的时间里，孙女士关于财富、关于资产的概念，就是“赚钱”。但其实赚钱和财富不是一回事。我们可以看到，孙女士曾经赚了很多钱，但是赚的这些钱就放在家里，只是现金，她从来没想到怎么用这些钱来帮她挣钱。所以，她一直只赚到了现金，而从来没有拥有过资产。因此，她其实一直只是一个辛劳的工作者，而从来就不是一个富有者，即使在她挣钱很多的时候。

赚钱其实可以有两种方式：第一种就是通过劳动来赚钱，这些钱是主动性收入；第二种是通过钱来赚钱，这种收入叫被动性收入。能够给你带来收入的钱，就是资产。第二种收入方式，也就是所谓的被动性收入，其实更加重要，因为这种收入可以更加持久、更加稳定，也是衡量是否富有的重要标志。虽然孙女士之前获得了各种各样的收入，但是她从来没有把这些收入转换成资产，这是她理财失败的最根本的原因。

当然，这不能怪孙女士，因为她们这一代人从小就没有受到过财商教育。孙女士从来就没有考虑过要拥有资产，当然也就没有真正拥有过资产。即使在她钱多得不知道怎么花的时候，也只知道将钱放在保险柜里，而保险柜里的钱再多也只是钱，不是资产。

在孙女士近20年的财富经历中，我们看到的全都是赚了多少钱，又花了多少钱，从来没有看到资产的影子。当然，也就没有来自资产的被动性收入。如果当初她在卖水产的时候，能够拥有一些资产意识的话，会发生什么呢？她当时每两个月的收入就可以在上海买一套房子，那么她承包水产部门的三年半时间她可以获得多少资产？如果她当初购买了股票认购证、获得了很多原始股时，能有资产意识，而不是把股票当成炒作或者赌博的筹码来频繁炒作的话，那么她当时拥有的原始股留到今天，又将会是什么一个概念？那些资产会是上百倍的增值。如果当初她做皮鞋生意时，拥有资产意识的话，就应该购买一些柜台或者商铺，甚至考虑联系一些皮鞋生产基地，打造自己的皮鞋品牌，就像后来很多温州商人做的那样，那么现在她又会是怎么样？她抓住了很多赚钱的机会，但是她从来不知道应该拥有资产，这才是孙女士20多年风风雨雨、摸爬滚打，到最后却生活状况每况愈下的根本原因。

所以，理财要想获得成功，最重要的原则就是要拥有资产。

Q7 怎样建立自己的被动收入渠道？

讲理财，大家都关心的一个话题就是财务自由。要实现财务自由，一个非常重要的概念就是要拥有稳定、可持续的被动收入。如何建立起这样的被动收入呢？这是投资理财当中非常重要的话题。其实，稳定、可持续的被动性收入来源可以分成三大类，我把它称之为三条永不枯竭的现金流渠道。

第一大类，叫做经营体系。经营一个企业，并且这个企业已经成熟、可以自己运转，你可以当甩手掌柜，而不需要天天去操心，它每年可以自动地为你带来利润。这样的一个企业，对于其拥有者来说就是一个稳定的现金流渠道，而且是可持续的。

第二大类，是知识产权。比如说你写了一首歌，脍炙人口，广为传唱，谁要唱这首歌都要给你上交版权。或者你写了一本书，这本书成为一本畅销书，每年都能够卖出几万本，那么你每年都能够收到相应的版税收入。或者你发明了一个专利，别人要用到你的专利的时候，都要给你上交专利费。所有这一类都被称之为知识产权型的被动性收入渠道。

精彩音频　即扫即听

当然，还有第三类被动性收入渠道，就是投资组合。你买了几只股票，这些股票每年给你分红。你买了几间房子，把它租出去，每个月有租金收益。这些资产可以给你带来稳定的被动性收入。那这样一些资产形成的一个组合，就叫作投资组合，通过投资组合获得的、长期稳定的被动收入，就是第三类的被动型收入来源。

那么，如何来建立起自己的、长期稳定的被动性收入来源呢？这要分析每个人的特点，不同的人适合选择不同的方式。

如何建立起长期被动收入来源

比如说想建立企业型的被动性收入来源，一定是那些情商特别高的人。因为经营企业、管理企业、规范企业等事情，需要跟各种人打交道，需要能够做好管理。所以，如果你认为自己是情商比较高的、善于管理的人，那么可以想着如何建立起自己的经营体系，并通过经营体系，最终实现长期稳定的被动性收入来源。有人会说，这个我做不了，我不善于管人，让我去创办企业，还要把这企业管得能够自动地运行，那我肯定做不到，我就怕跟人打交道。那么，你可以考虑选择建立知识产权型的现金流渠道。

知识产权型的现金流渠道适合于智商比较高的专业人才。通常，他们可能不善于跟人打交道，但是在做事上非常专业，比如说有发明创造，或者在某些领域有专长。这样一类人就适合于建立知识产权型的收入渠道。

第三类就是建立一个投资组合，让它带来长期稳定的被动性收入。投资组合这样的现金流渠道，有什么特点呢？它适合于感觉型人才。其实，有的人就是擅长投资，有的人就是投资经常失败，这不一定是智商问题，也跟情商无关，往往是一种感觉性的、也就是所谓的投资直觉。投资上要获得成功通常要有良好的心态，并非需要多高的智商和能力，所以投资组合型的长期稳定的被动性收入，更适合普通老百姓。

经营体系型、知识产权型、投资组合型，这是我们说的三个永不枯竭的长期稳定的被动型收入来源。想要实现财务自由，必须建立这三种被动型收入来源中的一种或多种。那么，这三类被动收入来源有什么特点呢？

经营体系型的被动性收入来源，它最大的一个优势是：可以复制，而且可以扩张得非常大。比如说，一个人开了一个饭店，经营得非常好，能够稳定地赚钱，客户盈门，大家都很认可他，那么他就可以开分店，一家分店、两家分店……这样不断地开下去。这会使得这个被动性收入达到很高的水平。所以我们发现，一般来说，高净值人群中或多或少地，都需要有经营体系，更直白地说，需要办自己的公司。所以，现在相对财富状况比较好的高净值人群，其中大部分都是企业老板。当然，作为一个企业老板，哪怕企业经营已经稳定了，还是会碰到各种各样的困难，比如市场的变化、竞争对手的竞争或者消费者需求的升级……所以经营体系型的被动性收入来源，想要一劳永逸是非常困难的。当企业老板，几乎永远不可能真正实现当“甩手掌柜”，而是一直要操心。那么，这是经营体系型被动性收入来源的两大特点是：优势是可以放大，可以放得非常大；缺点是需要不断地维护、不断地升级换代，否则这个现金流渠道很可能会断掉。

知识产权型的现金流渠道，最大的好处在于拥有这种渠道的人，首先，他是在做他最喜欢的事情。记住了，如果你能在某个领域做到非常好、非常成功，那这一定是你非常喜欢做的事情。第二，社会尊重有创造发明、有专业能力的人，所以相对来说，他的社会地位也比较高。知识产权型的现金流渠道，可能带来的金额不一定很大，比如说写了一本书，一年能够卖个几万本，没赚到多少钱，获得更多的是心灵的满足。所以，真正完全靠知识产权型的现金流渠道来实现财务自由的人，在整个社会来说，往往都是极少数的。比如说，想靠版税成为富翁，那么你必须能排上全国前十名，才有可能一年挣到个几千万。当然，相信随着中国社会的进步和发展，对知识的尊重、对知识价值的认可，会越来越普遍。那么，今后将会有越来越多的人，靠专利、版税这样的方式去实现一个有尊

严的、高品质的、财务自由的生活。

第三类投资组合性的被动性收入渠道，是普通老百姓都可以实行的。因为经营体系型的被动渠道要求很高的情商，而知识产权型的被动收入渠道需要很高的智商，不是想做都能做到的。但是投资组合型的被动性收入渠道，每个人只要愿意都可以实现，所以，这也是普通老百姓一定要建立自己的投资组合，才能够实现安然养老的根本原因。

那么，投资组合型渠道最重要的要素是什么呢？最重要的要素就是耐心，就是时间。因为投资要获得长期稳定的收入，一定需要长期投资。当然，还需要的是前期的积累，必须得先投入资金，而且未来的收益跟你的投入是完全成正比的，因为收益就等于投入乘以收益率。

所以，如果你不是能发明创造的专业人才，也不是一个能创办大企业的经营型人才，那么你就认认真真地，从工作的第一天开始，为自己的投资组合的现金流渠道添砖加瓦。至少把收入的10%拿出来，投到投资组合当中，进行长期的累积。那么，只要时间够了，这样一个投资组合就会越长越大，最后帮助你实现财务自由。

【案例】上海富爸爸的富人思维

早年，中国引进了一套海外的理财书籍《穷爸爸和富爸爸》，对理财意识的启蒙起到了非常大的作用。

这里我也和大家分享一个上海富爸爸的故事。

这个故事的主人翁姓刘，我们叫他刘先生，早年留学海外，后来回到国内以后在一家国际顶级的通信公司工作。到21世纪初，公司业务调整，对于一些像刘先生这样的高管给出了两个选择：一个选择是回到公司本部工作；另外一个选择，就是离职，当然公司会给一笔离职赔偿。

刘先生经过慎重思考，选择了离职。很多人对此不明白，拿着一个常人难以企及的高薪工作，又稳定，为什么放弃掉这份工作？刘先生的回答非常简单，他说："我如果接受了这份工作，我未来的生活就是工作、挣钱、付账单、工作、挣钱、付账单……工资再高也是一个穷人，而我要真正成为一个富人，必须创造自己的资产。而想要创造自己的资产，最好的地方应该是在中国。而且我的家人和孩子也都在中国，也适应中国的生活"。于是他离职之后，把一些积蓄加上离职的补偿，总共有200万元，建立了一个资产组合。其中100万元投在房地产上，用50万元注册了一家咨询公司，还有50万元投资在股票市场。这样的一个资产配置，他一做就是15年。

前两年，他的资产大概是这样的：房地产市值大约3000万元，企业市值1000万元，股票赚得最少，大约是200万元，总资产超过了4000万元，应该说已经实现了财务自由。而他的财富成功的起点，正是当年他放弃了那份人人羡慕、梦寐以求的高薪工作。因为那份高薪工作给他带来的只是钱，而并不是资产，所以拥有高薪工作仍然是一个穷人的生活方式，而什么是富人呢？就是要拥有资产。

在前文中，我提到过一个概念叫作创富指数，创富指数的核心就是要拥有资产。而在前文里也提到过一个上海穷妈妈的故事，她最大的问题就是只知道赚钱，而没有拥有资产。所以这个上海富爸

爸的成功就在于，他学会了富爸爸的思维模式——拥有资产。

富爸爸 vs 穷妈妈

其实，他的成功还有第二个非常重要的因素，就是他把200万元资金做了一个分散，分布在房地产、股市、企业三个不同的地方。也许有人会说，如果当初刘先生把200万元完全投在房地产上，不会赚得更多吗？那不是更加成功了吗？而这样的思考方式，其实是有问题的。

现在回过头去看，当然知道过去十几年投资房产是正确的。但是当时谁也无法做出这样的判断。当时如果他把资金都放在一个地方，那也可能是企业或者股票上，那样可能结果就远远达不到目前的状况。所以理财的最大一个特点就是，考虑的不是最多能赚到多少，而是最差也不会少于多少。所以他考虑的更多的是，分散风险，保证资产的稳定性。

更重要的，这十几年间，虽然做企业投入的精力最多，这个过程其实是让自己的人生变得更加丰富、更加有底蕴，为自己增加生命财富。即使投资股票这么多年几乎就没赚钱，最多算抵御了通胀，也不能说这是一个错误的决策。因为有一部分钱放在股票市场，首先是有了更多的成功机会和可能性。当然更重要的是，股票资产是流动性资产，而他企业资产、房产这两类资产最大的问题是流动性不足。那么，如果出现一些特殊情况需要临时用钱的话，股票资产可以随时套现来应对不时之需，这样使整个资产的流动性得到了极大的提高。这样的资产配置在市场出现波动时，心态也会更加稳定。那么，他之所以持续十几年坚持了这样一个投资组合，核心就在于他的资产组合做了有效的风险分散，使得他能够有稳定的心态来坚持。这种长期坚持的操作才是他获得目前财务成功的关键之所在。

刘先生的资产组合从2001年一直做到2016年，15年没有变化。直到2017年，他才对他的资产组合做了一次调整。具体调整的方式也非常简单，一是卖出了大约1 000万元的房产，将这1 000万元投资了保险公司。第二，他把自己的企业也卖了，卖企业的所得1 000万元，做了一个天使投资基金。为什么会有这样的调整呢？其实理由也很简单，是基于对宏观经济趋势的判断。中国房地产市场经过将近20年的上升，已经积累了一定的泡沫，而持续十几、二十年的宽松货币政策也即将退出，房产市场的大牛市接近尾声，所以减持房产正当时。

当然更重要的一点是，自身情况的变化。同时因为他年龄渐长，这时候需要考虑更多的是关于保障以及财富的传承，所以增加了一大部分资金用于保险。保险不光有保障的功能，还有很多其他理财功能，比如规避风险、传承财富、增加资产组合的稳定性和安全性，乃至于税务上的一些考虑等。刘先生到了目前的资产水平和目前的年龄段，增加保险安排已经成为一个必要的选择。

企业卖了，做天使投资基金，这当然也跟他自身的年龄不断增长是直接相关的。这么多年做咨询公司，看到了太多的企业的成败兴衰，以及这么多年的股票投资，在金融市场、资本市场以及企业的财务分析、行业分析等方面都积累了非常好的知识和经验。而这些企业管理的经验、公司财务分析的经验和资本市场估值的经验正是一个天使投资者最需要的几大基本知识技能。所以说，过去15年100万元投在股票和企业上，也许赚得没有买房子多，但是积累的人生阅历和能力的提升，很可能恰恰为他下一个阶段财富的新的增长点，也就是为天使投资基金做好了准备。

刘先生在过去的将近20年间，财富增长了20多倍，其实仅仅从财富增长的幅度来看，并不是特别的显著。因为在过去的20年间，整个中国的社会财富平均都增长了十几倍，有很多人的财富增长幅度远远超过了刘先生。但我们为什么把刘先生称为上海的富爸爸呢？因为在他的成功过程中，我们看到了很多必然性，而并不是因为他运气好，只是碰巧正好当初买了几套房子，所以现在发财了。这个必然性来源于刘先生运用了现代理财的思维模式，比如说要拥有资产、要构建投资组合、要做合理的资产配置、结合自身的能力和特长以及自身生活的安排需求来做相应的财务安排等，这些恰恰就是理财的方法和思维模式。而正是这样的思维模式，使我们看到刘先生的成果包含的必然的内在逻辑，这才是我们真正需要学习的地方。

Q8 投资如种树，时间是最强大的力量？

经常有读者向我提出国家宏观经济的问题。理财投资上，正确认识中国发展是非常重要的。

有一组数据显示，在1976年之后、改革开放之前，中国人口是日本的十倍，但是GDP只是日本的1/3。中国改革开放后，经济高速增长。但是到了20世纪90年代初，中国的经济总量竟然变成了日本的1/9。中国经过十年的高速发展，经济总量反而降低了，这是为什么呢？

这涉及一个非常重要的概念，就是很多学者在比较两个国家GDP的时候都忘掉了汇率的变动。事实上，20世纪80年代，中国经济增长速度超过了日本。中国在20世纪70年代末时，是1块7毛人民币换1美元。到了20世纪90年代初，变成了8块多人民币换1美元。在这一过程中，人民币的汇率贬值了五倍。事实上，在那十年间，中国的GDP增长速度比日本快得多，但是人民币的汇率贬值了5倍，与此同时日元对美元有出现了大幅升值。所以总的来说，在这十年当中，都用美元来进行比较的话，我国的GDP对日本不仅没有上升，反而下降了3倍，从原来它的1/3变成了1/9。

另外一组数据比较令人欣喜。20世纪90年代初，中国的GDP只有日本的1/9。到了2010年中国就超过了日本。仅仅20年的时

间，中国跟日本的GDP差距从原来的9倍缩小为零。然后到了现在，又过了仅仅七年时间，中国的GDP已经是日本的两倍多了。从20世纪90年代初到现在，之间仅仅过去了27年，中国跟日本GDP之间的差距，又缩小了多少呢？中国追上了20多倍。二十几年的时间，两个国家GDP的差距可以缩小20多倍，这是怎么做到的呢？

精彩音频 即扫即听

比较两个国家的GDP数值，不光跟两个国家GDP增长速度差额相关，还跟两个国家货币的通货膨胀率的差额以及两国汇率变动相关。人们通常讲的GDP是实际的GDP，就是扣除了通货膨胀的，但是两个国家GDP作比较的时候是两个国家GDP名义上的数据，所以一定要加上通胀。最后这名义上的数据要换算成同一种货币，所以要考虑汇率。

日本 vs 中国

在过去的27年中，中国的GDP增长速度当然非常快，但要达到二十几年增长20多倍也是不现实的。这个过程当中，实际上是中国的通胀相对较高，再加上人民币的升值所导致的。在过去的20多年时间里面，中国的GDP增速达到9%以上，日本接近于零，所以两国的GDP差距大约是9个点。再加上中国通货膨胀较高，所以名义上GDP的增长差距远不是9个点。日本不光GDP很低，而且它的名义GDP也不高。通胀也很低，所以这两个国家在过去时间里面，名义GDP的差距就不是9个点了，而是13个点或14个点。那么这样的GDP差距——名义GDP差距，能够达到这么大的话，中国大概只需要六年的时间就可以赶上一倍。那么，24年两国之间的差距就可以缩小四番也就是16倍。如果是30年，差距可能会缩小32倍。再加上这期间人民币升值，所以预计2020年之前，中国的GDP就可以达到日本的3倍。或者说，中国只需要用30年时间就可以从与日本的国力比较中提升30倍。

与日本的比较让很多中国人觉得自豪，这样的一组数据确实值得大家开心。但是我做这个计算的目的，只是提醒各位虽然两个国家的国力差距很大，但是要减少差距也并没有想象中那么漫长和困难。很多人在计算两个国家GDP比值关系时，仅仅计算两个国家实际GDP增速的差距，那是不对的。当然我也不是表明接下去印度与中国的差距会如当初中国超越日本那样，迅速地拉近。我只是提醒大家，尽管印度GDP现在只有中国的1/5，但是这个鸿沟远没有想象中那么大。

当然，我做这样一个比较还有另外一方面的原因，就是希望大家思考为什么在过去的30年间日本和中国的国力差距能够迅速地缩

小。或者说，中国在过去30年能够获得如此巨大的经济成就的同时，日本经济为什么会出现原地踏步？

因为在20多年前，中国20世纪六七十年代出生的人大量进入劳动力市场。整个中国社会青春勃发，年轻劳动力进入市场，劳动力的平均年龄只有二十多岁。而那时日本劳动力人口开始衰减，整个社会的老年抚养比，也就是老年人口的比重开始迅速上升。正是这样的人口结构变化，导致日本经济从过去的高速增长一下子陷入停顿，我们也把它称之为掉进了低生育率的陷阱。

从20世纪90年代到现在，这20多年间，日本跟中国相比出现的最大的变化就是人口变化。正是这决定了中日国力在20多年内发生了天翻地覆变化的根本原因。非常不幸，中印之间历史正在重演。而这一次我们扮演的是一个不断老化的国家，也就是20多年前的日本，印度扮演的恰恰是20多年前的中国。目前整个印度社会的平均年龄为二十多岁，像20多年前的中国一样青春勃发、无穷无尽的大量年轻劳动力涌入市场。不仅有数量庞大的劳动力，而且产生了巨大的需求，形成了一个极具潜力的市场，吸引了全世界的投资。而这一切不正是20多年前在中国大地上所发生的吗？中国经济接下去将要面临的最大困难恰恰就是20多年前日本所遇到的困境——整个社会不断老化，以及劳动力质量的下降。20多年前中日之间发生的事情，没有人能够肯定在以后不会再次重演。

20多年前，当日本GDP还是中国的9倍时，没有人会相信25年之后中国的GDP将会是日本的2倍。若当时有人提出了这种想法，一定会有无数的日本人进行反驳，例如，中国经济虽然发展得快，但是存在各种问题，中国的基础设施、科研水平、老百姓的努力程度等一大堆中国不可能超越日本的理由。但事实是20年之后，中国的GDP确实就超过日本了，并且迅速地成为日本的2倍，甚至可能马上会是它的3倍、4倍。

再次说明，我做这段分析的目的只是想告诉大家，特别是年轻人，投资理财不要太着急，不要追求短期的高收益，应该把眼光放长远一点。能够坚持每年10%左右的稳定增长，二三十年以后就将是一番完全不同的天地。但是在这个过程中，年轻的时候一定要埋头苦干、韬光养晦、不急不躁、踏实坚定，假以时日，无论是一个国家，还是个人，都会是另一番天地。所以在我们关注的个人财富管理和事业发展上，时间是最强大的力量，也是最伟大的雕刻师。如果能够把思考的时间尺度放大，眼界也就随之放大了，那么未来能够达到的成就也一定会更高，而这才是我最想给大家传达的信息。

Q9 怎样用竹竿原理投资自己？

高考是中国的年轻人在其人生的发展中的一个重要的关口。每年高考结束之后，接下去面临的就是填报志愿的问题。在我们的整个家庭理财规划当中，有一个板块就叫作教育规划，而其中教育规划又分成孩子的教育和成人的教育。

说到孩子的教育，涉及孩子选专业选大学这样的一些问题，有

这么几个重要的变化值得跟大家分享。

现在这个世界最基本的一个特点就是信息爆炸。我们之前跟大家交流过现代世界的一个基本规律，就是摩尔定律。摩尔定律是计算机科学上的一个规律：计算机的运行速度或者储存的容量，是以每18个月翻一番的速度在增长。这是一个极为恐怖的速度。18个月翻一番，意味着3年是翻两番，15年就是翻十番。十番是多少呢？1024倍。那么，30年就是100万倍，这就是我们理财上经常讲的复利的威力。

被爱因斯坦称之为“世界第八大奇迹”的复利就是按照这样一个指数规律而变化的。所以我经常听到有一些炒股票的人说，自己其实不贪，一年只要赚一倍就够了。我听了以后只能笑笑，因为大家要知道这个世界上的投资知识，巴菲特其40年的投资平均收益也不过只是20%多一点。但是仅仅20%的福利收益，只要时间够长的话，也是相当恐怖的。如果能实现每年平均20%的收益，就是每年投资14 000元，坚持40年，总共投资56万元。但是40年之后这56万元就变成了一亿零二百八十一万元，也就成了亿万富翁。要实现这么高的未来财富，增长收益其实只要20%。

所有这些例子都说明复利的增长是极为恐怖的，而计算机速度以一年半翻一番的速度增长，其实也是极为可怕的。到底有多可怕呢？大家没有直观的概念，我给大家讲一个我自己的亲身经历。

精彩音频　即扫即听

我在研究生毕业之后，进入了安徽省合肥市经济信息中心工作。这是当时政府新建的一个部门，而为了建设该部门，专门在合肥市政府大楼后面盖了一座信息中心大楼。为什么要新盖一座大楼呢？因为这个信息中心需要安排一台大型计算机（其实是小型机），原来的老楼物理条件不满足，所以要新盖一座大楼。而这座新盖的大楼要安置的这台计算机容量从现在来看，比我们每个人手上的U盘还要少好几倍。反过来说就是现在我们每个人手上的U盘，在30年前，我们需要用一座大楼来存储。这样的一个数据革命，如果你认为只是一个计算机技术的话，那就错了，它会影响到我们生活的各个方面。

我们人类的认知可以分成三个层次，第一个层次就是信息。从信息中总结出来的规律性的东西，我们称之为知识，大量的知识进行综合运用，提升、升华、产生的对世界的一些基本的看法，我们就称之为智慧。现代世界，人类的智慧是不是比我们古人更多了？不敢说，但是我们的信息无疑是几百万、几亿万倍地增加了，并且由此延伸的知识也是极大地增加了。所以我们至少可以称，现在是知识爆炸的时代，但是知识的迅速增加不一定导致人类智慧的增加。

恰恰因为我们知识增长太快了，这种过快的知识增长反而让我们淹没在知识的洪流当中，看不到这个世界的全貌或者更本质的东西。而知识的爆炸带来的一个最基本的影响，就是我们曾经学到的知识在迅速地被更替。或者倒过来说，我们以前学到的知识，其价值在迅速地衰减。所以我提出摩尔定律的反定律就是，知识的半衰期也只有仅仅18个月，就是说你现在学到的知识18个月以后可能有一半都过时了。

我分析了这么多，其实就想给那些想帮孩子填报志愿的家长一

个建议，不要太介意孩子学什么专业，至少在孩子的本科学习阶段不需要那么介意。本科阶段其实更多的是让他开阔视野，学会学习的方法和思维模式，相对学什么知识并不太重要。但这不是鼓励读书无用论。现在什么值钱？智慧值钱，而你想要获得智慧，你必须拥有大量的知识作为基础，但是仅有知识基本上就没什么价值，这也就是普通的老师和大师之间的区别。普通的老师传授的是知识，而大师传授的我们可以把它称之为智慧，这个世界上最稀缺的就是智慧。

我对于报考学校和专业的观点是，学校是第一位的，专业相对不重要。因为基本上你现在学什么专业，跟你今后干什么没太大关系。而学校却更加重要，什么叫大学？所谓大学，乃大师之谓也。好的大学跟其他大学最大的区别是，顶级的大学里面有更多的大师级人物。你只有跟这些人交流，才能真正提升人生的智慧，这才是大学带来的最大价值。

所以我的观点就是在报考大学的时候，大学的选择是放在首位的。那么专业就不重要了？专业当然重要，但前提是，学生本人对自己未来想从事的职业有一个非常清晰的认识，并且是真正喜欢他所从事的专业。一定要选择自己喜欢的东西，而不是说现在什么流行、未来什么比较时髦就学什么。

但以我现在对中学教育的理解，绝大部分学生对于未来希望从事什么专业或者他自身的职业兴趣，其实在刚上大学的时候还没有建立。这也是为什么我说一定要找一个好的大学，在一个好的大学里开拓了思路以后，从中慢慢、真正地发现自己的兴趣所在，然后再把自己的注意力专注到你所学的专业上去。而当你一旦发现自己真正之兴趣所在的时候，一定要把自己全部的精力都投入在喜欢的事情上。这个时候就不要听别人说“一定要均衡发展，一定要有综合素质”等了，就集中精力干自己喜欢的事情吧！

我们前面提到的摩尔定律，有一个推论是，我们知识的半衰期非常的短，学到的知识很快会贬值，所以不需要专注在学到多少东西。但是摩尔定理的第二个推论告诉大家，在知识爆炸的时代，没有一个人能够什么知识都掌握，所以你必须专注在一个非常窄的领域，才能把这个领域的知识相对比较完整地掌握，这也就意味着未来不存在所谓的全才。

未来所有的人在这个社会上立足都必须和别人分工合作，而且分工越来越细，合作的范围越来越广。大家都知道在企业管理上有一个所谓的“水桶”的理论，也就是说，一个企业能够盛多少水取决于该企业最短的那块板。所以企业管理上，通常一定要找到企业的短板，然后把短板加长，那企业的整个价值和能力就会更高。

“水桶理论”在现代的企业管理上已经越来越不适用了。因为我们发现一些非常伟大的企业，它可能只是在一两个点上的价值非常高，而在其他方面并不突出。至于“水桶理论”对个人的发展就更加不适用了。

在个人的职业发展上我提出一个理论叫“竹竿理论”。什么是“竹竿理论”呢？我们小时候，每家家里边都有很多竹竿。每根竹竿都有不同的功能和用处。对于孩子来说，竹竿最大的用处就是去粘树上的知了。那么能够到的最高的那个知了，就取决于最长的竿。

所以你在个人的职业发展上，一定要找到你的长板，然后把你最长的那一项通过各种方式加强、变长。比如说丁俊晖的职业是打斯诺克，那么他要做的就是把斯诺克这个技能不断地加强。至于说英语好坏、演讲能力、情商……对他的职业发展并不是最根本的东

西。特别是现在的互联网时代，这是一个赢家通吃的时代，往往在一个行业中，大家只看的第一名，连第二名的位置都没有。

一个行业当中的第一名、第二名、第三名，他们之间价值的差别以指数规律衰减。因此，在自己的职业规划当中，一定要找到自己的长竿，然后把长竿发挥到极致，在一个相对更窄的领域做到最牛，这就是个人职业规划当中的竹竿原理。

【案例】30岁想出国读书，怎么算这笔账？

这个案例将探讨一个打算出国留学的人的理财问题。

主人公赵先生30岁出头，毕业于国内某重点大学。在成家生子之前，他在职场上发展得不错。但是由于只有本科学历，他感觉在现在的公司进入了一个瓶颈期。因为像他这个年纪继续停留在技术层面，不仅辛苦，而且提升空间也很小，但是要转到管理岗，过去的经验和学历又都不足，所以他想去攻读MBA。这样日后不但可以转到相应的管理岗位，发展的空间也会更大。但是他很犹豫，在国内读MBA的价钱不菲，各种入学考试也非常烦琐。所以他联系了一些国外的MBA项目。但是在拿到了美国MBA项目的录取通知时，他仍在犹豫是否要去海外读MBA，并且纠结是否划算。

关于在日常生活当中要做出决定的事情，我们都可以用一个简单的分析方法来解决，那就是成本收益分析方法。也就是说，当你碰到一件事情的时候，你可以把这件事情所有好的结果写在一边，所有不好的结果也写在一边。那不好的，当然就属于成本，好的就属于收益。当然，不光有现金形式的成本和收益，还有很多非现金的、有形的、无形的其他各方面的收益和成本。

我们来分析一下这个案例，先来看看赵先生的成本。

最直接的成本就是学费，MBA项目两年的学费大概是80万元人民币。

第二个成本就是，由于他上学而导致的现在工资收入的损失。他一年大约可以挣四五十万元，我们按照40万元算的话，那么两年就是80万元的工资收入的减少。这两年上学的直接金钱成本就达到

了160万元。

还有他在海外留学的日常生活费用，一年4万元，两年8万元美金，大约50万元人民币。当然，他在国内日常也要花钱，但是国内跟家里人在一起不用租房子，吃饭可能也相对便宜，肯定花不了50万元。假如说他在国内日常的消费额外需要花30万元的话，那么他在美国要花50万元，所以他的日常消费的实际支出成本，应该是他在美国读书带来的额外支出，也就是50万元减去30万元，应该是20万元，所以第三笔费用是他额外的日常消费的支出20万元。

第四笔费用是什么呢？因为他到美国去了，太太和孩子还在国内，那么这种情况下他们的通信、探亲、旅行、交通等因为分隔两地生活而带来的各种成本和支出，当然也是读书额外的一个附加成本。太太和孩子去看他，他从美国回来探亲，电话、旅行的费用加在一起，粗略地估计，大概有10万块钱。这10万块钱当然是因为读书而带来的额外支出，这当然也是读书的成本。所以读这个书的直接现金成本就是190万元了，当然肯定还有一些买书而产生的费用。

所以粗略地把这些杂七杂八费用加在一起算10万块钱的话，这样他总的读书的现金成本是200万元。

但是不要忘了，读书更大的成本不是现金成本，还有很多其他的成本。我们来分析一下，第一个最大的成本就是，他这个工作丢了，不光是这两年没收入的事情，而是这个工作就没了，他是必须辞职的。当然有人说，他拿到MBA之后自然可以找到新的工作。但找新的工作这件事情本身也是一个成本，这当然主要是时间精力方面的成本。

其实还有第二个最大的无形成本，就是一家人分居两地带来的生活上、感情上、心理上等各方面的付出。说得更远一点，他与原来的同事、朋友可能在这两年期间都会相应地疏远，甚至是失去联系。

再来看看他的收益。最直接的就是他拿到了一本MBA证书。这本证书值多少钱我们先放一放。总之这是他的一项收益。第二项收益就是他在这期间可以把他的英语提上一个台阶，彻底掌握一门实用的语言。他的第三项收入是什么呢？当然就是他在职场上未来可能拓展的更大空间，这当然一定只是可能性。他回来甚至可能找不到之前40万元年薪的工作了。当然更大的可能性就是他能够找到一个收入更高的工作。

以上这些收益大家都是可以看得到的。其实我认为，他到美国攻读MBA最大的收益可能是一些看不到的收益。比如他通过这两年进一步的学习，是否真的能够让他在职场上上一个台阶，工资翻番？这些都是未定的，或者也只是金钱的事情。但是有一点是肯定的，他的视野会变得更开阔，立足点会更高，他自身的学识肯定变得更丰富。两年脱产的专职学习肯定能够让他的内在获得很多的东西。

我们经常讲一句话叫“腹有诗书气自华”，就是你肚子里装了很多知识，这件事情并不只是就烂在肚子里了，或者必须用在什么地方或是卖给别人才是值钱的。这个知识放在肚子里就能够在你生活的一点一滴、一言一行当中展现出来。而这样的一些自身内在的变化，最后一定会在你的日常生活、工作、事业的发展当中产生作用。其实还有很多其他的潜在收益。比如说他现在到美国去读书，虽然是全职读书，但是他可以在业余时间打一份工。比如说做一些研究项目，可以有额外的收入。如果他第一年没有获得奖学金，后

来学习成绩好了，很可能在第二年可以获得一些奖学金类型的收入。当然，到了第二年可以跟着导师或者是学校其他机构做一些研究。这不光可以提升自己的学术能力，更重要的是，做助教、助研这样的工作还可以获取一些收入。

其实还有一个非常有价值的收益，这个收益是什么呢？他离开家庭到美国去，这两年时间对他来说确实是一个成本，毫无疑问跟亲人的分割在感情上是一个损失。但是另外一方面，他到了一个全新的文化背景之下，每天接触各种不同价值观、不同肤色、不同文化背景的人群，他可能失去了现在的一些同事和朋友，但是他同时又交上了更多的新同事、新朋友、新同学。就像国内很多人读MBA就是看中同学圈子，他在美国也同样获得了一个巨大的同学圈子。他离开了国内熟悉的生活，带来了生活和心理上的一些不便和困扰，但是他尝试了一种全新的生活。这对人生来说无疑也是一种收益。

我们看待很多事情，不要只看到结果。他读完MBA回来能找到工作吗？找到工作工资能增加多少啊？并不只是如此。在美国生活的这两年，这个过程就是让他生活变得更丰满、更丰富、更多样化、有更大可能性的一种生活选择，这对他来说就是一个巨大的收益。

这个案例分析到现在，我并没有明确的答案说赵先生应该去或是不去，这实际上又是一个生活的选择。财务上没有一定对，或者一定不对的问题。实际上，财务上最大的影响可能就是他这两年没有工作，而且还要额外付出上百万元的学费和生活费。他现在的财政是否能支持？通过他向我描述的家庭的财务状况来看，这不是问题，他完全可以承受。

在这个前提可以满足的情况下，他是否去读MBA，完全取决于他自己对未来生活的期望。比如说生活想过得更安逸，更放松，不想太累了，读书也觉得很辛苦，那他可能就不需要去了。但是如果他觉得自己还很年轻，还可以让自己人生的视野变得更高，人生的可能性有更多种选择，可以尝试各种不同的生活，并且很享受这样的生活方式。那么毫无疑问，到美国去攻读两年MBA是一个非常不错的选择。

我们经常讲一个人的生命价值，不在于它的长度，也不在于它的宽度，更不在于它的高度，实际上是长度×宽度×高度。长度就是你的寿命长短，宽度是你生活的丰富性，而高度是你的思想、视野、事业能够达到的相应高度。从这几个方面来衡量，我个人认为，在短期财务没有重大困难的情况下，出国读书是一个不错的选择。

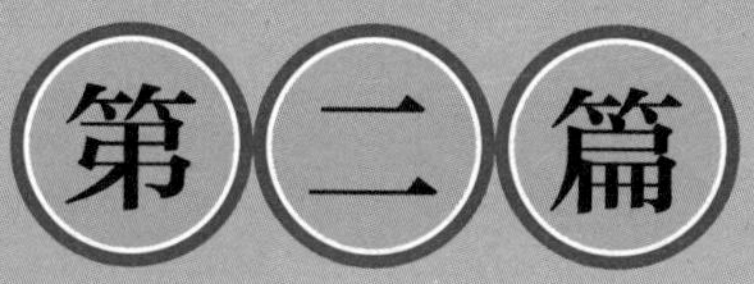

让人生富足丰满的理财规划

Chapter 3 理财规划

Q1 不同类型资产的比重和配置要考虑哪些？

有一些读者敏锐地发现我较少提及具体资产该怎么管理或操作，反而讲了很多理念性的东西。但是他们常常忍耐不住地表达出他们最需要的是给出具体该买什么、什么时候买等具体的建议。可能他们会失望了。因为理财的本质真的不是教大家钱该怎么管，而是在此之前，先弄清楚人本身该怎么管理。理财更本质的是理人、理生活。而对钱的安排，一定是在对人和人的生活有了明确安排，有清晰的想法并做出决定之后，再决定钱该怎么管。每个人对自己人生道路的选择千差万别，所以没有一个固定的规则来说钱一定要如何管理。

我之前举过一个例子。有个小伙子一直想攒钱买房娶媳妇，但攒钱的速度赶不上房价的上升，于是把原来准备买房的钱拿来做了一次全球旅行。回国以后媳妇、房子、事业都有了。有人说这种情况太特殊了。是的，生活就是这样，没有一定之规，没有非此即彼，没有绝对的对与错，一切都在于自己的选择，其实投资消费也

是如此。

钱是应该用来买股票还是买房子？一个人该把收入的70%都存起来，还是成为月光一族？如果我能告诉你哪个是对的，哪个是错的，那我就太狂妄了。任何一个人都没有资格评判谁的生活是对还是错的，理财也是如此。

当然，客户的愿望就是我们服务的目标，而本文就会给大家在资产配置方面提出一些建议。理财的内容很多，但是最核心的事情就是资产配置。而资产配置又包括两个方面，一是现有拥有的资产该怎么配置，以及未来每个月或者每年的收入，该怎么安排和配置。

最简单的问题就是现有的资产该怎么配置？说得更通俗一点，也是读者最想知道的就是，钱应该放在哪儿。对于这一点，理财上有一个非常重要的原则：不要把鸡蛋放在一个篮子里，也就是钱不要放在一个地方，而要做分散安排，这就是我们俗称的配置。所以为什么要配置？简单来说，第一，我们人生的需求是多样化的；第二，在投资上，一个基本的原理就是，通过分散的配置可以有效地降低风险。所以在理财上，每一个人最基本的事情就是把自己的资产进行配置。

我们过去没有这样的概念，所以也基本都没有科学地做过配置，都是自然而然形成的资金安排。目前，中国人资产配置的一个大致状况是，将近70%的资产是房子，另外剩下的30%当中，大概有一半以上是银行的存款，其余则是股票、债券以及还有一部分被称为被管理的资产，就是通过专业的机构来帮忙管理的资

精彩音频 即扫即听

产。比如说保险、基金、信托、金融机构的理财产品等。这些被管理的资产大约在国人的资产中的比重不到10%。这就是大概的现在中国人资产配置的一个平均状况。（这里没有把未上市的私有企业考虑进去，因其未上市其价值没有一个市场的公允价，所以其价值很难评估。）

但我认为这样的配置今后会发生变化。具体的变化内容大概包括以下几点：

第一，其中最大的变化就是房地产占整个家庭资产的比重肯定会降低。

第二，未来一定会发生的一个的变化，就是在整个家庭资产当中被管理的资产比重将会不断地提高。而被管理的资产就是人们交给专业管理资产所打理的那一部分资产。例如大家购买的保险、基金、信托、理财产品等。

第三，现在所看到的房产和金融资产比例大概是7∶3，那么毫无疑问，金融资产在整个资产中的比重也将会提高。

当然，21世纪以来的十几年中，我们老百姓的资产已经发生了一个非常好的变化。就是那些莫名其妙的资产的比重在迅速地下降。何为莫名其妙的资产，就是它们本就不是资产，但是曾经被人们当成过资产。比如说在十几、二十年前，包括现在还有人仍然干的这些事情。例如收集邮票，买很多磁卡，当然还有很多人喜欢的购买黄金、收藏等。这些东西应该不能算是资产，如果一定要算成资产的话，也只能称之为另类资产，而不应该成为家庭资产的主流。

在过去的十几、二十年时间内，随着我们的金融市场的不断完善和发展，老百姓投资渠道的不断扩展，另类资产的比重在显著地下降，这是一个可喜的变化。如果现在还有人拥有这些资产的话，

那么我建议，这一部分的比重原则上不要超过家庭资产的10%。

当前老百姓资产配置的问题中除了房产的比重过高，另一个明显的问题是银行储蓄比重也还是过高了。我们需要储蓄，但是不一定只有放在银行存款才能叫储蓄。凡是现在不用，留作今后所用的钱，都是储蓄。把留下的钱买信托、基金、保险，这也是储蓄。所以中国老百姓在资产配置未来应该调整的第二个方面，一定要大幅地减少现金持有量，而应该极大地增加被管理的资产的比重。当然房地产资产的比重毫无疑问是首先应该下降的，我认为未来房地产资产占家庭资产中的比重在50%左右比较恰当。

当我提到这些具体数字的时，非常担心大家会产生误读。有人会说如果保持50%这个恰当的资产配置的比重的话，对于一个年轻人来说，可能永远也买不了房子了。因为一个年轻人在首次置业时，几乎把他所有的财务资源都换成了一个房子。这时，他的房产资产占他整个资产的比重可能高达100%。这没有错。事实上，一个人他的房产资产在整个家庭资产中的比重，是一个随时间不断变化的过程。比如：一个人开始独立生活的时候，还是租房居住，此时他的房产资产比重是零，首次置业时他的房产资产比重可能一下子升到将近100%。买完房子以后，又开始不断地存钱，他的房产资产比重又在不断下降。到了一定时候，他可能需要换一个大的房子，这时房产资产比重又将出现一个戏剧性地上升。上升以后，随着时间推移，资金不断积累，他的金融资产比重又会缓慢地上升。上升到某一时刻，他可能又会买第二套房子，房产资产比重又会出现戏剧性地上升。然后又是随着不断地获得新的收入和投资，使得自己的金融资产比重缓慢地上升，房产资产比重缓慢地下降。所以人的一生，房产资产的比重会呈现一个锯齿形的变化过程。在这个过程中，没有具体的标准。这也是我不愿意在本文中提及具体的理财指标、标准方法的根本原因。甚至在专门讲解资产配置时，我都无法给出一些具体的数字，只能大致给出资产配置的原则和方向。而我们上面提及的这些内容还只是资产配置的维度的内容。就是钱分配放在房子、股票、存款、保险或其他地方的比例分别是多少，这只是一个维度。这个维度，我们称之为<u>项目维度</u>。

现在中国人资产配置的平均状况

事实上，在考虑资产配置的时候，需要考虑四个维度。除了要完成刚才所讲的项目维度的配置以外，还要考虑的第二个维度，时间维度。所谓时间维度，就是整个资产不能全都是长期的安排，也不能都是短期的安排，而是要有长期、中期、短期合理的配置。以及这个配置要符合你对财务需求的安排。

还有第三个维度就是货币维度。所谓货币维度，就是同样买股票，在中国大陆买的股票就是人民币资产。但是在澳大利亚买的一只股票，不光跟澳大利亚的股票市场本身发生波动，与澳元的汇率变化也是直接相关。所以这一只澳大利亚的股票是澳元资产或者是非人民币资产。同样，如果有人在欧洲有一个企业，它就属于欧元的企业资产。在美国的一个房子是美元的房产资产。也就是说，所有的资产都可以按照不同的货币形态做一个配置。特别对于高净值人群来说，可能需要配置一些非人民币的资产，倒过来也就是说，不能所有的资产都是人民币资产。因为这也产生了一个巨大的风险，就是人民币汇率的波动对整个资产会产生重大的影响。所以大家要把资产放在不同的货币上，这样可以规避汇率的风险，这是资产配置的第三个维度——货币维度。

还有最后一个维度叫地域维度。因为确实有一些资产，反映了不同地区的属性。比如说在中国也能买到美元计价的股票资产。上海的B股跟美国的股票，它们都是股票资产，也都是以美元来结算的股票资产，但是它们的属性，因为区域的不同，会产生巨大的不同。所以从区域空间上，大家需要把资产在全球做一个配置。这就是资产配置的第四个维度。

如果要全面地考虑资产配置，就需要从这四个方面来考量。

当然对于资产水平不是太高的人来说，区域配置和货币配置可以暂时不考虑。一般的原则是若一个人的可投资资产在1 000万元以上，就必须考虑货币的配置。也就是，他的资产不能全都是人民币资产，要考虑一些非人民币资产。如果他的可投资资产高达3 000万元，那么他的资产一定要在全球的地理空间上做一个分散投资，规避单独一个地区产生的系统性风险。

对此我经常做一个比喻，就是我们常说需要把鸡蛋放在不同的篮子里，同时，这些篮子也不能放在同一张桌子上。

讲理财的人往往非常强调资产配置，不要把鸡蛋放在一个篮子里。但是一些专业的投资者又经常讲另外一句话："投资不能过于分散，一定要集中投资"。投资界的大神巴菲特，他最基本的理念就是不能分散投资，不能把鸡蛋放在不同的篮子里。他认为如果把20个鸡蛋放在20个篮子里面，那根本照看不过来，这就过于危险。还不如把这20个鸡蛋就放在一个篮子里面，然后专心盯着它，这才是最安全的。

到底哪种方式是对的，应该分散，还是统一管理？这又涉及在投资理财不同层面的概念。**对于普通人来说，一定要做的就是分散化投资、资产的合理配置，那些集中投资的思维模式适应的是专业水平极高的投资者**。巴菲特所说的把20个鸡蛋放在一个篮子里，只盯着它就可以。对于普通人，没有本事做到这一点，但是巴菲特就可以，所以不要随便地学巴菲特。我们没有这样的能力把鸡蛋管好，那就只有把它分散，按照这个系统概率的方法来降低风险。

其实这种不同境界的概念古而有之，比如人们所说的艺术三个境界，"看山是山，看山不是山，最后，看山又是山了"。对于普通人来说，还处于看山不是山这个层面，所以一定要做好资产配置。只有把这件事情做好了、做专了，到了更高层级时，再去考虑集中

投资的问题。

【案例】资产配置中常见的误区

《国富论》开篇讲到一个制造针的工厂，通过这个工厂的实例告诉我们分工合作的价值。事实上，为什么我们的经济可以不断增长，我们每个人创造财富的效率可以不断提高呢？主要就来自于三个方面，一个方面当然是科学技术的进步，我们可以使用更先进的工具，更好的技术。第二个是我们生产的组织方式，比如有限公司的发明，资本市场的设立。第三个，就是我们前面提到的分工合作。但是分工合作的前提是需要更多的人聚集在同一个地区，你才能够实现分工合作，因为分工合作，他必须以交换为前提。如果不是很便于交换的话，那么就很难有分工合作。这理由也很简单。一个工厂里的人只生产针，如果他不能进行交换的话，是不是很快会饿死。只有有了交换，才能够生存。我只生产针，然后用针，我可以换衣服，我可以去换食物，我可以换其他的各种各样的东西和服务。人口的聚集越紧密，这样的交换的成本就越低，这就是我们通常所说的：对企业来说叫规模效益，对一个城市来说叫聚集效应。这个效应对我们的经济增长有多大的影响呢？国外有一个大量长期的统计，总结的一个经验公式：一个人口聚集的地方，比如说城市，其经济总量和它的人口之间的关系不是线性的，而是经济总量是人口的5/4次方。那么，把经济总量除以人口总量，那么，人均GDP不是跟人口总量没有关系，而是跟人口总量的0.25次方正相关。

针对大家普遍存在的资产配置方面的一些问题，我将通过些案例分析来做一个统一的解答。

通过对部分读者家庭资产状况的分析，不难得到以下结论。

第一，我们读者的整体资产水平比较高，在中国来说，应该处于相对比较不错的位置。

第二，我们读者的资产配置状况，确实跟中国老百姓习惯的资产配置状况是一致的，主要有以下两个特点。

第一个特点是，房地产资产占总资产的比重相当的大。按照最新统计，中国老百姓的家庭资产中，房地产资产占到69%，将近七成。大部分读者的资产比例大约也是如此，有些人甚至更高一些。这大概可以说明，相对来说，拥有房产的人群的资产水平相对比较高。因为这是过去十几年，中国大量的财富流向房地产市场，导致了房地产市场走了一个巨大的牛市。

第二个特点是，除了房产资产，大部分人所持有的金融资产主要是现金或现金等价物，比如存款、短期理财产品等。这和我们全国的比例也是一致的，就是说除了房产资产，老百姓第二多的资产就是银行存款、现金。这两大类资产以外，大部分人都会持有一定的股票，不一定很多，但都有一些。这说明股票资产已经成为中国城市有产者所持有的资产中一个基本类别。除了这三大类，其他很多人就没有别的资产了。

根据这样的资产状况，在接下去的财富管理当中，我们该如何调整呢？

大家会发现，这样的资产状况会导致一个情况：中国的老百姓目前资产总额其实不算少，但是资产产生的收益却是非常少。因为大部分拥有房子的人，除了自己住，就是等着房子增值。靠房租收

益，这个收益率是非常低的。我之前也分析过几个案例，平均大概也就是2%左右。现金资产，它的收益率也很低，也就是2%、3%的水平。股票资产，最近这两年能够打平就不错了。所以看起来资产总额不少，但是资产带来的收益在这几年其实很不乐观。也就是说，财产性收入与家庭的资产水平及收入水平，是不相称的。那么接下去应该怎么调整呢？

调整的方法我有几个建议，请读者结合自身的财务状况做一个参考。

第一，要增加生息资产。所谓生息资产，就是可以给你带来收益的资产。就房子来说，我们不一定要把它卖掉，或降低房产资产的比重，但如果房子你不需要自己住，那尽量把它租出去，获取租金收益。当然会有人说，我的房子根本租不出去，租金少得可怜，还不够配家具和维修的费用。如果真的是这种情况，那么房子就该卖掉了。因为这个房子的价格和它能够产生的收益之间是不成比例的，这反过来也说明，这个房子的价格虚高了。

第二，金融资产当中的现金资产应该大幅度减少。很多人之所以选择储存现金，是觉得找不到合适的投资，又不会投资股票，那只能放在银行里存着，或买一点低收益的短期理财产品。如果把这些现金资产比例减少，关键在于，钱用来投什么呢？

减少现金资产比重的操作很简单，也就是把现金资产转化成可以带来收益的资产。有人说，我的钱放在银行里存着，或买个短期理财产品也能带来收益。理论上说，如果你的这笔钱带来的收益，只达到市场的无风险收益率的水平，比如说2%、3%的水平，那么从理论上说，这笔钱最多算是保值，根本没有产生收益。所以在留下足够的流动资产以应对不时之需以外，我们的现金资产应该做一些积极进取的投资。

那很多人可能会说，关键现在不知道投什么好，炒股又不会。是的，我在各种场合都不建议普通老百姓去炒股票，但是我从来也都不反对大家投资股票。投资股票是什么概念呢？就是学会用专家来帮我们投资，就是买基金。买基金的本质是，把你的资金交给专业的机构进行管理。除了买基金以外，还可以买买保险。讲到保险，很多人想到，它是一个保障，其实保险有两重功能：一是保障功能，另外一个则是资产管理的功能。再比如说买信托。像基金、信托、保险等产品，都有一个共同的特点是，它的产品名称跟发产品的公司名字是一样的：保险公司卖保险、基金公司卖基金、信托公司卖信托、资产管理公司卖资管项目，而这类公司有一个共同的名称：专业资产管理机构。

其实我在看读者的资产分配时发现一个重要的问题：中国人还没有学会把专业的事情交给专业的人去做，还不善于、不习惯把自己的资产交给别人来管理。从另外一个角度来说就是，我们的整个家庭资产当中，被管理的资产比重相当低，甚至相当多的人从来就没有一些资产是被专业机构管理的，都是自己在管：自己做股票、自己放在银行里存着、买个房子也是自己在管。

在此，大家可能会有一个疑问，为什么要把自己的钱交给别人来管呢？理由很简单，我们已经进入了专业的资产管理的时代了。

以前我们不这么做是因为我们条件还不具备。没有好的专业的资产管理机构和资产管理的人才，国家相应的法律法规也不健全，当然我们自身资产的水平也没有到那个阶段。但随着中国经济的快速发展，中国金融投资市场正在迅速和国际接轨并成熟起来，也吸引了大量高水平的资产管理人才，最重要的是国家对资产管理行业

的制度设计、市场的开放和准入都在迅速推进。不仅大量的专业的资产管理机构（保险、公募以及私募基金、信托、资管公司）如雨后春笋般地涌现出来，其推出的产品也日益符合投资者的期望并更具有市场竞争力。反过来说，这些专业的机构都已经出现了，你还是自己来做投资当然失败的机会更大了。

我们先不说这些专业的资产管理公司的专业人士都是经过多年的专业训练和长期的职业磨砺，其专业水平无疑非普通投资者可比，更重要的，他们是一个整体的团队作战、有明确的专业分工、科学的操作流程和风险控制体系，还有一套成熟的管理制度以及个人和小资金难以获得的资源。比如证券市场投资，个人投资者最多只能看看一只上市公司股票的市场走势、研究一下公开的信息资料。但一个机构就可以有专人对整个行业做深入的研究、可以派专人到企业做实地调研、可以获得或购买到更专业的投研报告。何况，市场有一些良好的投资机会只向机构开放，比如有些公司配股、可转债等投资机会就是只对机构做定向配售。

我们可以做一个形象的比喻，就像某项体育运动以前都是业余选手在玩，作为一个业余选手没有什么问题，做得好是有机会赢的。但现在越来越多的专业选手加入这项运动中来了，无疑，业余选手的机会一定是越来越低了。

大家可能还有疑问，专业的资产管理公司既然那么专业，为什么也经常出现亏损呢。我们说专业的投资机构比普通投资者强这只是一个概率和平均水平上来说的，并不是所有的专业投资者在每一次的投资上都超过普通投资者。只是说长期来看，专业机构投资者总体来说平均收益率要高于普通投资者的平均水平。当然投资是一个很感性的事情，很多时候做决策的时候靠的是一种感觉，而市场上确实有一些人（大约不到1%的比例）天赋异禀，具有特别的投资才能，他们的投资收益长期超越市场平均水平，对这些人我要说的是：就别听我的了，按照你们喜欢的方式来做投资吧。问题的关键是：你是这样的人吗？

由此可以得知，未来我们资产配置的重要调整方向如下。

第一，增加生息资产。如果你的资产不能够创造所谓的财产性收入，那这个资产有名无实。

第二，增加整个资产当中被管理的资产的比重。大家应该学会把资产交给专业机构来进行管理。被管理的资产比重相当低，有其历史原因，就大环境来说，中国目前这些资产管理的机构相对还不太成熟，也还有很多值得改进的地方。但是，我们未来财富管理的一个基本方向就是，一定要学会，专业的事情交给专业的人做。我们家庭资产当中被管理的资产比重应该极大地增加。以后投资房产也不可能再重现过去那样的模式：买了房子等着它涨，然后卖掉赚取房价的差价了。更多的情况可能是，如果你要投资房地产，那就是拥有一个房子，再交给专业的机构来出租，收取租金收益。或者，干脆购买房地产投资基金或房产投资信托来分享房产的收益。金融资产方面，存款的比重在未来一定会越来越低，更多应该交给专业的资产管理机构，由专业人员来打理资产，获取收益。

有些人非常关心，是不是要做一些海外投资？这个问题，给大家两点建议：第一点是海外投资一定是高净值人群所考虑的，一般来说可投资资产在1 000万元以上的人士才会考虑海外投资；第二点是要学会做海外投资更应该通过专业的机构来进行投资，而并不是真的自己去海外去买房、去炒股，除非你很专业、也有大量时

间、或已经人在海外。如果你还在中国生活、在中国工作，只是资产到了一定水平，需要做全球化配置的时候，那么通过购买被管理的资产来进行资产的全球化分配，可能是更适合的一种方式。

总之，未来在进行投资理财的过程中，大家应该逐渐增加家庭资产中被管理的资产的比重，通过这种方式来有效地增加财产性收入，让财产性收入和资产总额之间产生合理的比例、拥有合理的收益率。这是我们绝大部分家庭在未来的理财过程当中需要重点改进的地方。

Q2 彩票是个人好投资吗？

彩票的话题一直受到大家的关注。很多人把彩票理解为是一种投资理财，现在购买彩票的人越来越多，年轻人所占的比例也越来越大。蚂蚁金服的一项调查显示，大约有五成的蓝领把买彩票当作理财。一些报纸版面还专门开设了彩票理财的栏目，这说明一些媒体也把它当成了一种理财方式。的确有不少人觉得花两块钱中个几千元、几万元甚至几十万元的奖，值得搏一把，彻底改变命运。但是从理财的角度看来，彩票绝对不是投资，更不是理财，它只能算是一种游戏。

对于彩票的看法向来是见仁见智，反对的人认为彩票就像瘟疫一样，夸大它负面的影响，认为彩票会影响社会稳定，对家庭的财产安全产生破坏作用，甚至会损害勤劳致富的民族精神。这是过去人们反对彩票时的说法，但是随着这几年中国各类不同彩票形式的推出，现在越来越多的人开始强调彩票的正面作用，认为彩票可以作为投资理财的手段，促进消费、拉动内需、扩大就业等。而且在彩票购买者当中，还有一种相当有代表性的看法认为购买彩票可能发大财，从此改变命运。确实，大量购买彩票的人都抱着这样的一个梦想。

但彩票能不能改变我们的命运，成为一个好的理财方式呢？我们认为彩票不可能改变一个人的命运，但确实可以作为一种理财手段，而且是非常好的理财手段。不过这仅仅是对彩票的发行者来说的，绝对不是对彩票的购买者说的。目前来说，彩票的发行者只有政府。政府通过发行彩票对方式，可以把社会闲散资金汇集起来，收取一大笔资金，完成社会、政府本应该完成的工作。比如说现在的一些社会福利彩票，就是通过彩票赚的钱去推广福利事业，又或者是体育彩票，通过彩票赚的钱去促进当地全民健身运动。很多小区里的健身器材，都是通过这些彩票发行赚的钱购买的。所以从这个角度，发行彩票帮助政府解决了很多问题。这对政府来说当然是一种很好的理财方式。

精彩音频　即扫即听

第二，通过发行彩票，政府还可以收取一笔税收。大家都知道，如果中了个小奖那就不用交税；如果中的是大奖，比如说500万元，那就要先拿出100万元交税。20%的税收你必须交，这样的话，政府又获得了一个税收的渠道。

第三，因为发行彩票，很多人可以去卖彩票，包括彩票公司运行，这就增加了很多就业机会。从社会角度来说，有些人生活暂时不太如意，彩票可以给这些人精神上的安慰，让他产生一个梦想，某种程度上可以起到一个稳定社会的作用。那些生活不如意的人，如果没有了这个梦想，可能会彻底绝望，做一些极端的事情，而彩票可以让他的这种不如意有一个宣泄的渠道。

政府发行彩票无论从资金、社会、经济、税收甚至于社会稳定都是有好处的，所以国家发行彩票的做法绝对是正确的，没有任何问题。但是对于彩票的购买者来说，情况就不那么美妙了，当然这也不是坏事。因为买彩票本只需要花两块钱。然后就盼着能在开奖时中个大奖。花了两块钱给自己买了一个梦想，这也挺好。让自己的生活多了一个盼头，这有什么不好呢？钱也不大，无伤大雅，所以这件事情对个人也未必是坏事。但是切记要注意的就是，千万不要把买彩票当成一种个人投资理财的方式。因为买彩票是不可能给你的财务带来根本性改变的。

理由很简单。首先，彩票的发行过程并没有增加整个社会的财富，这只是一种将社会资金重新分配的一个过程。向每个人筹集两元钱，集中起来，从中抽取少量的人中奖，其他的人凑份子钱让少数人先富起来。其实这种行为并没有增加整体的财富。事实上，一般因为我们现在的各类彩票都是社会福利性质的，具有公益性，所以整个奖金的返还额度都很低。我通过一些渠道了解到中国的各类彩票奖金返还的额度大概在40%。什么意思呢？如果大家都去买彩票，总共花了一个亿的话，那么最终返还的奖金额度大概平均不到4 000万元，另外6 000万元就是政府的收入以及彩票公司的运营成本和利润，乃至于各种工作人员的各类收入。而真正中奖的、那些买彩票的人能够拿到的奖金其实不到40%，那意味着从你买彩票的那一刻起，从概率上来说，你的一块钱就只剩下四毛钱了。

彩票

从数学角度来看，彩票中奖的概率是很低的。更重要的一点就是，彩票的发行有一个最基本的原则，就是彩票最终谁中奖，这个概率一定是均衡的。这意味着任何去分析或者猜测下一个中奖号码的行为都是没有任何道理的。它一定是随机的事情。或者倒过来说，如果彩票的数字出现不是随机的话，这中间一定有猫腻。所以大家要买个彩票娱乐娱乐自己，留一个念头和梦想，这无所谓。但是如果指望靠买彩票或者通过科学预测来买彩票中奖，那一定是骗子。

最后，也是最重要的一点，很多人买彩票也知道中奖概率低，但是他有一种侥幸心理。所谓“博得这一次，幸福过一生”。这能成为彩票销售当中非常有代表性的广告，也反映了彩票购买者一个相当普遍的心理，就是希望通过博得这一次来彻底改变自己的生存状态。

这个特征也反映在另一个方面，就是现在买彩票的往往都是整个社会低收入阶层的人，这也说明了为什么很多人将购买彩票当成了理财手段。但是很遗憾，试图通过购买彩票来改变自己命运的想法，不要说概率极低，就算中了大奖，其实也未必能真正改变命运。

在国外就有这样一个统计，跟踪那些中了大奖后的人的生活变化。调查发现一半以上的中大奖者在仅仅五年之后又回到了最初的生活状态。他们的生存状态并没有真正改善，这个统计结论也验证了一个观点，**一个人的财务状况是由其管理财富的能力决定的，运气不能改变命运**。如果我们不将彩票当成改变命运的手段，而是摆正心态将其当成一种娱乐，反而是一个很不错的消费方式。每周花一二十块钱，一方面为政府和社会做了贡献（所以也有人说买彩票其实是义务纳税），另一方面也为自己买了一个梦想，无伤大雅，何乐而不为呢？

同时由于彩票的相对公平性、不可预知性和巨大彩头的刺激性，使它成了一种很好玩的游戏。

但是记住了，既然是游戏，那就只能用**闲钱**来购买。

Q3 怎样利用股票市场赚够未来的养老金？

本文我们来讨论一个每个人都必须关心的话题：养老，到底需要多少钱？

其实，这个话题是没有标准答案的。因为这取决于怎么养、在哪里养以及什么时候养。毫无疑问，在北京、上海养老，跟在内地的一个三线城市养老需要花费的钱的差距是非常大的。此外，作为一个普通的老百姓生活需要的养老费用，和过一个相当奢华的养老生活的费用是完全不一样的。

理财上有一个概念叫“乐退”。何为“乐退”呢，就是不用等到老了以后再退休，在年轻的时候就可以退休了，而且退休以后能够在世界任何一个地方过着奢华的生活。那需要多少钱呢？一般估计需要1.4亿元人民币，也就是说，当你拥有1亿4 000万元人民币的时候，就可以在任何一个年龄退休，而且在地球的任何一个地方都过着非常奢华富裕的生活。当然还谈不上富豪的生活，所谓富豪的生活是到哪去都要乘私人飞机，养老虎、豹子当宠物，需要建一个动物园来养着，那一亿四千万元还是远远不够的。一亿四千万元可以过得富足甚至奢华的生活大约是这样的：你想到哪去就到哪去，乘飞机可以选择是公务舱或者头等舱，住的酒店都是五星级，

想吃什么、想用什么、想玩什么不愁钱，而且可以不用工作赚钱，这就是所谓的“乐退”生活，这样的生活需要1亿4000万元。当然这个话题就跟我们普通老百姓没啥关系。

普通老百姓需要多少钱来养老呢？

第一个问题就是，何时退休。现在很多年轻人都有个目标，希望能提前退休。有的人说我年轻的时候拼命挣一下，到四十岁就可以退休了。那么如果四十岁就退休的话，你需要为可能长达半个世纪的下半辈子留下足够多的钱。那你想想看，需要多少钱呢？这当然是一个完全不同的概念。还有就是什么时候退休。比如说将近20年前，我刚在国内开始讲理财的时候，提出过“没有百万来养老”的概念。就是没有一百万元，想在20世纪末，退休后过上一个还算体面的生活，恐怕不行。那个时候大家觉得这个数字是不是讲得太多了，普通老百姓能够有个二三十万元就不错了。但是他们忘了，人民的消费水平在不断地上升，退休后还要生活几十年，这几十年内消费水平的上升必然极大地增加养老金的需求。那时候讲100万元，我现在看来还是太保守了。比如说现在在上海这样的城市退休，夫妻两个除了要有自己的房子以外，我认为，可能还要再准备300万元，才能保证退休以后过上一个有尊严的、相对衣食无忧的生活。当然还包括足够的钱来旅游，享受较好的医疗、护理以及各种康乐的服务。注意，这个300万元的数字我讲的是现在退休。

精彩音频 即扫即听

如果现在一个30岁的年轻人，他们计划60岁在上海退休，需要准备多少钱呢？我的建议是：没有1 000万元基本上根本无法退休，这是因为现在的年轻人可能还得再过上三十年以后才退休。30年以后的1 000万元是什么概念？以及那个时候的普通消费水平是什么状态？当然这都跟现在完全不一样。所以当提到有了1 000万元才能退休时，有很多人觉得不可思议，但其实我估计又讲少了，可能那时候1 000万元都不够。

很多人就会说，那照这样子，我们还能退休吗？我们到哪去挣1 000万元？

其实要挣到1 000万元也不难。举一个最简单的例子，比如说一个年轻人现在刚开始工作，他每个月攒800块钱多一点点。那他一年其实就攒了1万块钱，然后把这1万块钱投到股市上去。然后，如果他能够把这样的事情坚持做下去，一直坚持做40年。他现在20岁，正好到60岁的时候，那么你觉得他将会有多少钱了呢？

我们来分析一下这个情况，这个年轻人在股市上总共投了40万元，而且是分期投的四十万元，那么这40万块钱在40年以后会成为多少钱呢？我们不知道，因为股市的结果我们谁都不知道！

但是我们可以看看过去的历史。举一个例子，比如说一个美国人，在1960年按照这个操作：一年投1万元、一年投1万元……把钱投到美国的股市上，那么到了2000年，40年过去了，他可能会有多少钱呢？有人会说，这关键取决于他买了什么股票以及什么时候入。入市得好，在底部进去，当然可能赚很多；如果入市时机不好，在顶部进去，那肯定就亏损了。还有他买的是什么股票？买到大牛股当然好，买到垃圾股那就惨了。

为了计算方便也是为了大家有一个深刻的印象，我给出一个具体的假设，可以有具体准确的数字。假设有三个人在1960年开始每年投1万元到股市中，直到2000年。这三个人的情况是不一样的：

第一个人是股神，每年都能够把这1万块钱在当年股市的最低点投放到股市中去；第二个人，他不是股神，他也不知道行情，他就随机找一天，比如说他生日的那一天把这1万块钱投到股市上去；第三个人，他既不是随机，也不是股神，他是个倒霉蛋，运气非常的差，差到在这40年当中，每年都在股市最高点时入市，也就意味着他只要一买股票，股票就跌。那么40年过去了，这三个人的命运怎么样呢？

很多人觉得第一个人肯定赚大了，最后一个人肯定亏光了。实际结果是这三个人的情况差不多。真实的数据就是，那个每年都在股市最低点入市的股神40年以后他拥有了1400多万美元。重点是第三个人，那个倒霉蛋，也就是每年在股市的最高点入市的人，40年以后也拥有了1200多万美元。当然中间那个随便选一天去买股票的人，当然就介于这两者之间，这是一个非常神奇的结果。

为什么这三个人的结果差距不大呢？因为他们操作的方式和投资的地方是一样的，都投资在美国股市，当然具体的股票他们选择的是美国标准普尔500指数的股票，都是大蓝筹股票。最重要的是这三个人的投资方式是一样的，就是每年都拿出1万块钱投到股市上去，而且投进去从来不卖。那么40年以后，他们都变成了千万富翁，可以安然退休。

当然这个例子讲述的是美国20世纪最后40年的状况。如果现在在中国这么做，未来会是什么样子的呢？我们不知道，但是我们有信心，中国未来的40年不会比美国上个世纪最后的40年差。如果有这样的信心，那么我们相信，只要每年投1万元，40年以后，1 000万元是指日可待的。

很多人都不相信这样的例子。因为我们看到周围太多人炒股票亏得一塌糊涂，怎么会赚这么多钱？原因其实很简单，因为周围亏得一塌糊涂的人都是在炒股票，他们买了股票从来不知道永远不要卖。有些人买了股票老是想着什么时候卖，恨不得今天买进，明天就卖出。他们从来没有只买不卖。如果真的能做到买了一直不卖的话，即使在过去二十几年资本市场还很不成熟、有各种陷阱和问题的中国，也能赚几十倍，而不是像大部分人在股市上一直在亏钱。所以，从你年轻的时候开始，每年拿出一笔固定的资金投放到资本市场上去，是一种实现老有所养的方式。

这里尤其要跟大家厘清几个问题：第一个问题就是国家养老。所谓国家养老，不就是国家发放的养老金吗？但是要记住了，国家本身是没有钱的。养儿防老作为传统的养老方式，是通过代际抚养的方式来实现养老，年轻人养老年人。而所谓的国家养老，其实也是年轻人养老年人，只不过以前是以家族或者家庭为单位的年轻人养老人。而现代的社会养老或国家养老是让整个社会的年轻人来养整个社会的老人，当整个中国社会进入了“四二一”的人口结构时，我们还可能让孩子来为我们养老吗？答案是否定的。但是如果你连自己的孩子都指望不上，你还能指望别人的孩子给你养老吗？

对这个概念大家可能理解起来有点难度。这里再做一下解释。首先，国家本身并没有钱，国家作为一个组织的概念要干任何事情都要向干活的人（也就是创造财富的人通常也是年轻人）收钱。当然，国家要让其国民老有所养，当然也要向其国家中的年轻人收钱。我们做一个比喻：所谓国家设立养老金，就相当于国家支起一个锅，锅上写了三个字：养老金。这口锅正在熬粥，这个粥就是老年人的养老金。问题的关键是：煮粥的米从何而来？当然就是现在的年轻人从工资中拿出一部分来，作为米放到这个锅里，然后熬粥

给老年人喝。老年人能够拿到多少养老金取决于两个核心因素：第一，有多少人往锅里面放米，另外有多少人来分这锅粥。如果年轻人越来越少，而要分这锅粥的老年人越来越多，那这些老人每个人能够分到的粥一定也会相对越来越少。现在的真实情况就是，目前，而且在可见的长期的未来，每一天我们往锅里放米的人的确是越来越少了，而要分这锅粥的人变得越来越多了。政府采取一些办法来积极应对这个情况，一个最简单最直接也最有效的办法就是：延迟退休。

养老问题

在上述分粥的比喻中，我们每个人的一生都会分为两部分，第一部分在年轻的时候往锅里放米，第二部分在年老的时候分粥。而所谓延迟退休就是要求我们往锅里放米的时间延长，而最后分粥的时间缩短。

所以最后总结一句话，养老在我们整个一生当中可能是最重要的一个阶段，甚至可能是最漫长的一个阶段。那么在整个阶段当中，我们需要储备足够多的养老金。所以请从现在开始，立刻为你的养老做好储备。

Q4 中国股市很“坑”？哪些仍值得长期持有？

本文跟大家讲解的话题是，我们到底该如何投资股市？

在之前的文章中，我提出过一种养老模型，就是每年拿出1万块钱投放到股市中，坚持40年，期间最重要的是，购买的股票永远也不卖，40年之后最初投入的这笔钱很可能变成了一千多万元。但是很多人认为这个模型在中国根本不适用。首先，投资结果要在40年以后才能知晓，这个时间过于漫长。关于这一点，我们每个人其实都在做类似的投资，只不过不是放在股市上，而是放在养老金账户中。每个人在拿到工资时，都需要交各种社保金。其中养老金，就是等退休以后才能领取。而这就是需要40年、甚至更长的时间来完成。所以我们一直在做这件事情，但是投入在养老金账户上的钱，最后肯定是不会有那么高的回报的。当然，我不是建议大家不购买养老金，而把钱去投资股市。养老金该买则买，但股市的投资该做也得做，这两者互为补充。我想表达的只是，人生中进行40年

的投资并不是不可现实，而是我们每个人都在亲身经历。

有一些人认为这个模型在中国不适用的最主要原因，是认为中国股市各种问题频出，导致中国股市根本不具备长期投资的价值，只能进行投机、低买高卖的短期炒作。

曾经在一个非常大规模的场合中，我就提到过这一种投资模型，在问答环节一位老人家站起来向我提问。他说“你这个海归，把海外的东西介绍到中国来，但是你一定要结合中国的情况，否则的话，就是害人！我就是听了你们这些海归让我们长期投资。结果我前几年买的一只50块钱的股票一直跌到现在，现在只剩下5块多钱了。我也不想赚那么多倍了，回本就够了。你告诉我什么时候能回本?”我反问他这只股票出了问题，为什么不把它卖掉。一直死抱着，当然就会亏得厉害啊。他说，“不就是你们这些海龟一直在告诉我们要长期投资嘛!”我又问他是否买过其他的股票，收益如何。他说，“我其他的股票不听你们的，涨了我就把它卖了，我都赚钱了。就只有这一只股票进行长期投资，结果亏得一塌糊涂”。于是我只好跟他解释这个模型具体是如何操作的。

在这个模型中，首先我们选择购买的是美国标准普尔500指数的股票。美国有个叫标准普尔公司的专业机构，他在美国几千只股票当中选出最好的500个公司组成标准普尔500指数。而我们就买这500只股票。这意味着，第一，所购买的是专家挑选出来最优质的股票。第二，也是最重要的，一直持有标准普尔500指数的股票不意味着从不卖出股票。事实上，标准普尔公司定期会对选出来的这500

精彩音频　即扫即听

只股票进行考察。如果发现有的公司出了问题，他会迅速地将把这个公司从名单中剔除，再从市场上寻找出更好的公司进行替代。所以如果一直持有标准普尔500指数的股票，那意味着一直持有的是美国市场上最好的500只公司股票。如果其中有一些公司变得不好了，那么就要把它剔除。但是一些势头保持良好的公司，就一定要长期投资，也就是第一点，一定要买优质公司的股票，而且买了以后一定要长期持有，直到它不再是优质的公司。或者说一旦发现这个公司出问题了，就要坚决卖掉，然后换上其他新的优质股。在中国，普通老百姓在自己做投资股市时，大部分人都亏钱了，他们共同犯的错误就是每一只股票涨了就把它卖了，跌了就一直抱着不卖。这就相当于碰到好的公司，他就把它卖给别人，而碰到差的公司，就一直长期持有，这正好与我提倡的相反。

如何购买到优质股票

我曾经做过一个比喻，资本市场上有很多好的公司，但也有很多不太好的公司。很多人在买股票的时候不管好坏，听到消息就把它买回来，所以可能会买到金子，但也难免可能买到垃圾。这还不是重点，重点是当他们买到了金子时，他们很快就把这金子挑出来扔掉。而买到的是垃圾的时候，他们就死死地抱着。这些就是为什么绝大部分散户投资股票都亏钱的根本原因。

投资股市核心的是两点，一是选择好公司的股票，二是选择好的时间。说起来简单，其实这两点都非常困难，导致普通老百姓很难做到。那么，要做投资应该怎么办呢?

第一，股票得跟着专家去选择。大型金融机构中的有经验的人士，从众多股票中选出了500只股票，你就买这500只当然就没问题。而且他们会跟踪、研究，一旦发现这500只公司的股票出了问题，他们会立刻又把它挑出来，那么你也就需要把它从你的投资组合中剔除。这种方式首先就解决了如何选股的问题。第二，是选时。其实这件事情，甚至于专家都未必做得好，有一个办法就是定投。每年投入一笔钱而不是一次性地投入，这就把整个投资时间在一个长期的时间尺度上抹平了，规避了选时的难度。以这种定投的方式来进行投资，尽管不会是最优的，但一定是最不坏的方式。更重要的是，这种定投的方式解决了投资上碰到的最大的两个敌人。华尔街有个谚语叫“在华尔街什么人都能挣钱，只有贪婪和恐惧的人挣不到钱。”但是身处风云变幻的股市当中，要真正做到不贪婪、不恐惧，其实是非常困难的。事实上，越聪明的人越难于规避贪婪和恐惧。只有傻子才会真正做到没有贪婪和恐惧。所以我教大家的是，每年投入1万元到股市中，然后一直不卖出，这种方式也叫傻瓜投资法。而这种看似是傻瓜的投资法，恰恰克服了股市投资最大的两个敌人，贪婪的时候要加仓、恐惧的时候要退出。

这种投资模型存在的最后一个问题就是，如何用这1万块钱同时买到500只股票？这其实也有一个简单的方式，大家都能进行操作。比如说购买一个标准普尔500指数的基金，那么在国内，类似的你也可以买一只指数基金，比如沪深300指数基金，买了这一个基金就相当于买了整个300只股票。

所以本文我教大家怎么买股票，其实是在传递一个信息，我们作为一个普通人很难真正知道哪家公司好、哪家公司坏，也很难知道应该什么时候买、什么时候卖。所以不要去炒股。其实那些不断买进卖出炒股的人已经做了一个基本假设：他们认为自己知道哪只股票好哪只不好，也知道何时该买、何时该卖，而且还假设了他们的判断一定比别人更高明，因为在他以一个价格买入股票的时候一定有另一个人以同样的价格卖出股票。而这两个人同时做出的两个判断一定有一个是错的。你怎知道错的不是你？所以，炒股的人依赖的基本前提假设就是错的，最后不会得到好的结果也就是一个必然的结果了。

所以，只有懂得什么是自己不知道的人，才真正懂了如何投资股市。

【案例】开公司赚了30万元，后续该如何进行规划？

有很多人向我提出他们的理财问题，并希望能够给予解答。但是我看了大部分问题后，仍无法给出明确的答案，其主要原因就是大家很少给出自己真正的理财目标。这好比是大家需要我来指路，但是却不告诉我想去哪儿。而这儿的想去哪儿本质上就是一个未来

生活如何安排的问题。如果一个人对自己未来的生活没有一个比较清晰的安排，当然也就无法做出科学合理的财务建议了。

比如说有一位读者，大学毕业后来到广州打拼，直到现在已经二十七八岁了。他向我咨询现在是否要在广州买房子。

这看起来是一个简单的对房地产市场趋势的判断问题，其实这是涉及他的生涯规划的问题。如果他打算长期在广州生活、工作甚至结婚生子，同时他的财务状况又允许的话，那么现在买房就是一个合理理性的决定。但我们也知道，有很多人从小城市来到大城市读书，然后在此工作，他们都有一个愿望：在大城市打拼几年以后回到自己家乡去发展。如果他是这一类人，未必就要在大城市买房子。

还有一位女士，海归，现在的收入不错，但是将近30岁了，仍然单身。她向我提出了明确的理财目标，就是要做养老以及婚姻的规划。但是她同时告诉我，她现在还没有对象，希望在近几年能够找到合适的对象结婚，所以结婚和养老的规划都要进行。这位女士对另外一半是谁尚不清楚的情况下，当然也就对自己今后的另一半的财务等各方面情况都一无所知。而未来与这位女士共同生活的人的情况不同，无疑其未来的生活也就会千差万别。那么在这种情况，她所要做的养老规划或者是婚姻规划，都是没有意义的。

我们在这里做一个完整的理财案例。

2002年的时候，在上海有一对小夫妻向我咨询理财建议。这对小夫妻辞了小城市的工作来到上海打拼。他们当时结了婚，但是还没孩子。夫妻俩都是二十八九岁，在上海开了一家自己的小型装修公司。经过第一年的打拼，公司第二年就赚到了30万元。他们向我咨询的第一个问题就是，现在手上有30万块钱，适合做何投资？第

二个问题是，这对夫妻觉得装修公司这个投资项目很好，但仍想再找一个新的投资项目，例如说开超市等，需要向我寻求推荐。第三个问题是，老家还有一套房子闲置着，该怎么处理？

一对小夫妻的困惑：30万元该怎么花

这对夫妻当时的财务状况很简单，手头的30万元现金，一家自己的小型装修公司，和老家的一套房子，但是当时在上海还是租房。仅知道这一些情况对于他们提出的这三个问题很难有明确的建议。于是我和他们做了进一步沟通，我大概了解到了他们未来的一些规划。第一，他们夫妻两人想三年内生儿育女，第二就是他们认为上海发展机会多，很喜欢这里的生活方式，所以希望长期在上海发展并且生活。同时他们自身对金融投资的知识甚少，也没有特殊

的投资偏好。

了解了这些情况以后，我对他们的财务状况有了初步总结：第一，他们夫妻俩虽然在2002年年收入能高达30万元，但是很不稳定。因为这是他们自己的小公司，刚刚起步，工作不稳定，当然同时也没有保障，五险一金都还没有。第二，他们在整个理财的活动中，完全是靠自己的劳力挣钱，还没学会用钱挣钱。最主要的问题是，他们对于理财目标的问题都只是针对具体的钱，没有真正想明白人本身该怎么办。或者说他们想明白了人该怎么办，但还不知道这件事情才是决定钱该怎么管理的根本原因。明白了这个基本背景，要给他们的建议就非常清楚了。

我向他们提出了以下几个建议。

第一，建议集中精力做好目前的装修公司。这对小夫妻目前共同经营的装修公司一年可以带来30万元的净收入，这是他们整个家庭生活的经济基础，也是他们未来生活品质的保证。保持这份收入的稳定甚至增长是这对夫妻未来财富增长的关键，因此应该把全部的精力集中在经营管理好当前的公司上。至于他们还在寻找的另一个投资项目。我的建议是暂时不要操作，他们俩把一件事情做好就已经很不错了。当然更主要的是考虑到，他们希望在未来三年内有孩子，也就是再过两年，妻子就要考虑怀孕生子了，那么这种背景下更不宜再拉长战线做新的项目。所以我的一个建议就是，不要再投资或者寻找所谓的投资新项目了。

第二个建议就是要在上海置业，安排好家庭生活。这对小夫妻在找到我时，既提到了要找个投资方向，又说要做一个投资安排，关键问题就是手上有着30万元，不能白白浪费。其实这一笔钱有一个很好又有必要的安排，就是买房子。其实以这对夫妻当时的情况，正是在上海置业的恰当时机。首先，他们在上海的创业事业已经初上轨道，而对未来生活的安排也日渐明晰。此时置业不仅可以安排好目前的生活，也可以为将来家庭新成员的到来提供较好的生活条件。其次，房产本身也是一个不错的投资渠道，具有相当不错的增值潜力。从资金的安排上也十分恰当，既无资金周转不周之虞，又可以充分利用目前的现金提高资金的利用率。再者，在上海有了自己的产业以后，对他们的生活心态都会更加有帮助，让他们生活得更加稳定，生活质量也会提升。

同时，他们对上海也有更好的归属和认同感，有利于更好地融入上海的生活。甚至对现在他们所做的装修生意，也是很有帮助的。因为外地人在上海做装修，虽然活做得好，价格也便宜，但是外地人的身份导致其售后服务常常没有绝对的保证。但是在上海拥有了自己的房子，客户对他们的认可度就大幅度提升了。而当时在上海买一个2室1厅的50万元左右的房子，对他们来说，首付只需要10万元到15万元，他们现有的资金完全可以承担。

第三，要做好流动资金的安排。可能有人会问在2002年的时候干脆用30万元买两套房子，那不更好吗？其实不对，因为这对夫妻必须要有充足的流动资金。第一，用于公司建设，第二，他们的生活收入不稳定，也需要留出较多的流动资金。第三，他们没有健康保障，万一出现意外也需要有一些流动资金来应对不时之需。所以，我给他们的建议就是用15万元做首付，5万元用于装修，给自己安一个家。另外10万元既不要做新的项目投资，也不要做其他的股票、基金投资，仅仅作为一个流动资金的安排就可以。当然流动资金安排方式有很多，比如说货币市场基金，或者一些中短期的理财产品，这都是可以选择的。

至于家乡的房子，如果他们不打算回去居住，当然可以租给别人。

这对小夫妻向我提出的三个问题，其中家乡的房子我的建议很明确，把它租出去。至于说找一个新的投资项目以及做一些具体的金融投资安排，我都建议他们不要去做，而是改为置业买房。当然现在回头一看，当时买房是一个非常好的投资决策。但事实上，我当时建议他们买房，并不是基于对房地产市场趋势的分析，而是根据他们未来生活的安排需要给出的建议。因为他们俩已经结婚，也打算要孩子，并且打算长期在上海生活发展。那么在这个人生的阶段，对未来的生活有了非常清晰的规划安排，这时候置业就是人生的头等大事，跟房地产市场未来是涨还是跌没有关系。

这说明了我之前经常提到的投资不等于理财。我们对客户的财务资源的安排建议，一定是基于他的人生规划以及人生状态所做出的决策。所以朋友们，如果有人希望我来解答他的理财问题，我最希望看到的是，他对未来的人生有了明确的想法和规划。而财务该怎么做，也一定是基于他对未来生活的想法和规划来的。

Chapter 4 房产购置

Q5 为什么中国人理财买房产，日本人理财买保险？

本文要跟大家谈论的话题是，理财环境决定理财方式。

还是从真实生活中的例子来说。故事发生在2003年的上海，有一位郑先生向我寻求理财建议。在20世纪80年代末、90年代初，上海掀起了一股留学热潮，大量的年轻人跑到日本、澳大利亚留学。尤其是日本，当时的工资非常高，大部分人留学的目的也只是为了打工挣钱，并不是学习。当时的郑先生27岁，血气方刚，充满了雄心壮志，也到了日本留学，并且给自己定下了一个目标：一定要在日本成为百万富翁再回到上海。郑先生在日本辛苦打拼十年后，到2001年，他真的挣到了相当于100万元人民币的外汇资产。于是他从日本回到了上海，打算从此以后过上有钱人的生活。这时，他已经37岁了，还是单身，回到上海以后，没有自己的住房，就跟父母住在一起。由于觉得自己是有钱人了，郑先生不屑于再去寻找一份工作。那么日常生活怎么办呢？当时银行有一种叫外汇宝

的，就是可以去炒外汇。于是，他就拿着从日本打工十年攒下来的十几万美金去炒作外汇。后来进行得不太顺利，到2001年末时，原来的相当于100万元人民币的外汇亏掉了10%，还剩大约90万元。

2001年时，股票也开始大热。于是郑先生还将外汇宝中的90万元外汇抵押给银行，从中贷款了50万元人民币，并用这笔钱去炒股票。这时他的资产状况包括90万元外汇资产，50万元股票，和50万元负债。这样到了2003年，这时候他已经近40岁了，交往了一位女朋友。女朋友认为郑先生从日本赚了不少钱，如果要结婚，肯定得买一套房子。但是由于这几年他投资股票和操作外汇失败，还购买了一大堆保险也并不理想，贷款不仅要还本、付息，而且这几年日常的生活消费也靠之前的积蓄，所以到了女朋友让他买房时，他发现辛苦打工十年攒下的100万元，现在只剩下了50万元。这时想要在上海买一套好点的房子，如果不贷款已经很困难了，只能买到偏僻一点的房源。

于是他带着这个问题来向我寻求理财建议。这时候我就问他，为什么刚回国时不买房子？那时候他也已经快40岁了，手上也有足够的现金。他说哪能买房子啊！中国上海房价完全不理性，房价太高了，买房子太危险了。我完全能够理解，因为20世纪90年代，日本的房地产泡沫正好破裂，房价不断地下跌，而他当时正好生活在日本，所看到的都是买房破产的案例。潜移默化中，他就认为房子绝对不能买。于是我又问他，为什么刚回国的时候没有工作，而且又是单身，还要买一大堆保险。他说，“保险是好

精彩音频　即扫即听

东西。我在日本也学习理财。日本人把保险作为理财中最重要的工具和手段之一”。我也特别理解，因为日本90年代经济泡沫破了以后，日本人纷纷开始购买保险。当时，各类资产都不靠谱，唯一安全的资产就是保险，所以日本人觉得保险是好东西，他也接受了这样的观念，所以回到国内就买了一大堆保险。

我又问他第三个问题，既然回到了国内，为什么不把这些钱换成人民币？当时人民币的各种投资理财的工具和产品选择还是挺多的，为何又拿钱去炒外汇？而且你需要人民币的时候又去抵押贷款，还要付贷款利息，这是为什么呢？他说，“我辛辛苦苦挣的外汇，怎么能换成人民币呢？我从来都是把人民币换外汇，绝不会把外汇换人民币的，因为人民币会贬值的”。我也当然理解，他在九十年代初离开中国去日本，在那个时代，人民币的确在不断贬值，而且外汇换成人民币随便换，但人们要用人民币换外汇则几乎不可能，所以那时人们只要有机会就会把人民币换成外汇，而绝不愿意把外汇换成人民币。他脑海当中记得的都是20世纪80年代末的上海，以及20世纪90年代整个日本的状况，当他把这样的一些对财务的认识和理解用在了21世纪的上海时，当然每一步都做错了。

这个例子告诉我们，对理财环境的准确分析和把握是获得理财成功的关键。不考虑环境，照搬照套所谓的一些理财规律、经验、方法、技巧和手段，一定会犯大错误。这样的例子太多了。

再举一个例子，现在很多国外的大投行，说到中国经济时候都认为中国面临着一个巨大的危机，即政府的债务危机。他们认为，中国地方政府现在的债务和财政收入比例已经超越了警戒线，所以非常危险，随时可能爆发债务危机。这当然是片面的。因为这个所

谓的警戒线总结于西方各国政府的经验。债务达到何种水平，可能会出现危机，是总结了西方社会状况得到的结论，而这跟中国是完全不一样的。原因非常简单，西方政府只有一项收入来源，就是每年的财政收入，除此之外没有任何其他收入。而中国政府不光每年有不断增长的有保证的财政收入，更重要的是，中国政府手上有大量的资产。第一大资产就是有土地。第二大资产是大量的国企、央企和地方的融资平台。而这些都是中国政府手中可以使用和支配的财务资源。考虑到这些资源，中国政府目前所负的债务就不是那么大的数字了。何况，中国地方政府的支出虽然很大，但并非都是消费掉的，中国地方政府支出中的一个相当大的比例用于城市建设的，也就是地方政府借的钱没有花掉，而是变成了政府的新的资产了，这点与国外的地方政府也有很大的不同。

西方政府与中国政府的收入来源

在理财上有一个财务指标的标准：每个月还贷支出不要超过收入的1/3。但这个标准要灵活掌握，不可机械照搬，因为每个人的财务状况不一样。例如一个人的月收入是1万元，如果他一个月的还贷支出是8 000元。这有可能是很危险的，如果这个人除了每个月的收入以外没有其他任何资产，所有的日常生活还要靠着1万元过日子，这个时候要还8 000块钱的贷款，那么当然他的生活压力会非常大，而且万一这1万块钱没了（工作丢了），他的经济立刻就会出现问题。但如果是另一种情况，比如说这个人一个月工资确实是只有1万元，但是他还有100万元的银行存款，50万元的股票和30万元的理财产品等大量的金融资产在手上。这时一个月要还8 000元贷款，无疑压力并不大。很简单，钱不够用的时候，他可以卖一点股票，或者从银行取一些钱。中国政府的状况就是这样，除了每个月有一万块钱收入以外，还有好多的资产。钱不够了，就可以卖一些土地，把国有资产的股票进行变卖。从这个角度来说，中国的地方政府债务根本没有那么大的压力。

当然我们所说的理财环境决定理财方式，其中的理财环境不仅只是指经济方面的，诸如利率水平、通货膨胀状况、汇率状况、宏观经济的表现、政府的各种财政政策、货币政策、税收政策等。而还要从更加宏观的角度来理解，比如说社会经济发展水平和发展阶段、社会制度的设计、法律的环境、社会人口结构以及社会公众心理和生活方式乃至于家庭伦理等各个方面都对我们的理财产生深刻而持久的影响。

一个最直接的例子就是房地产。过去十几年中，无数的专家言之凿凿地提到，中国的房子太贵了，收入房价比的国际平均水

平是6，中国已经达到了12，超过了国际警戒线，肯定马上要崩盘了。或者又说，国际社会当收入房价比达到多少时一定崩盘，中国也就一定会如何如何……但是真实的情况如大家所见，所有的这些预测全都是错的。因为中国社会跟国外不一样，这些专家讲到的国外其实并不是世界的整体状况，而只是西方发达国家。

西方发达国家无论从经济发展的阶段、社会、法律环境、政府对房地产的政策，包括房子本身的特征都跟中国不一样，尤其是家庭伦理特征。比如说，中国人首次置业的峰值年龄是27岁。对中国人来说，结婚一般是要买房子的。但是对于西方人来说，例如一个美国人，他在结婚的时候不一定要买房。所以，西方人首次置业的年龄非常大。有一个数据显示，德国人首次置业的年龄大概在47岁。再者，中国现在的房价对于年轻人的收入来说确实很高，但是我们不能简单地用年轻人本人的收入来进行比较，因为现实生活中，年轻人买房子大多数都不只是用他自己的收入还要搭上他们父母的积蓄。

这件事情在美国是不可想象的。对于美国人来说，上大学的钱很可能都需要自己去解决，更不用提大学毕业，并且工作多年后要结婚了，父母不会考虑已经成人的子女个人的事情。那么，美国人要想自己买房子，一定是到了三四十岁，有了足够的积蓄时才开始考虑第一次买房子。甚至有些人干脆就不买房子了，这也没有任何问题，因为西方社会不会根据他有无房子来区分他的社会价值和地位。

最后我有一个建议，大家可能经常看到一些专家对市场、经济、理财做各种分析和判断，如果这些专家是通过依据所谓的国际惯例、国际警戒线，来对中国的市场投资指手画脚的话，那你基本上可以把他的话扔一边去，不用去管，因为这些话基本上都是不靠谱的。

Q6 买房别盲目：你理解房地产市场的规律了吗？

多年以来，房子可以说是国人最关心的话题了。打开知乎，上面关于买房的问题就有16 000多个，关注者将近60万，问得最多的就是：这一年房价怎么走？现在该不该买房？买房的最佳时机是什么时候？其实这一点也不奇怪，因为我们大家的财富大约有60%~70%，也就是2/3都集中在房子上。现在在大城市，甚至直接就以有房和无房把人划分成两个类。

现在回头来看，从1998年房地产市场化改革以来的将近20年间，中国的房地产市场走出了一个波澜壮阔的大牛市，几乎是单边上涨，中间局部出现过短期的微幅调整，并且很快就重拾升势。那么到了今天，在考虑是否应该买房的时候，首先要考虑自身的情况，其次要搞明白，之前中国的房子为什么会涨？

20世纪末以来，将近20年间，房子几乎是单边的上涨，这其中的理由大概有这五个方面：第一，城镇化的浪潮。在过去20年间，

中国几乎每年有2 000万以上的人口从农村转移到城市来生活，这就是城市化，这样大量的人口当然对房地产有着巨大的需求。第二，消费的升级。所谓消费升级，就是人们的支出部分越来越多地向住的方面倾斜。中国人的消费升级存在着一个不断递进的过程。从80年代刚刚改革开放开始，主要解决的是吃的问题。90年代解决的是穿和用。到了21世纪，我们解决的是行和住，所以21世纪以来中国人在住上的花费占总支出的比重越来越大。第三，改革开放之后，中国人的收入水平迅速地增长。在20世纪90年代，一般人的工资只有几百块钱。到现在我们的普通的工资大约在几千块钱，短短的十几二十年间，我们的收入增长了十倍以上。当然这样的收入增长，必然也体现在房子价格的上升上面。过去十几年，中国房子不断涨价还有两个重要的根本原因在于：城市居住土地供应增长的缓慢以及中国基础货币供应的快速增长。房价构成中大部分是土地的成本。所以，买房的本质简单来说就是用钱买土地使用权。从20世纪90年代到现在，中国城市居民住宅用地只增长了几倍。但是在此期间，货币发行却增长了上百倍。结果就是：要买到同样的住宅用地，需要用的货币也就相应地增多。这就是中国过去十几二十年房价不断上涨的根本原因。

精彩音频 即扫即听

那么到了今天，上述几个导致房价上升的这情况当然都发生了变化。首先中国城镇化的浪潮已经显著地放缓了。大批量人口从农村涌向城市的浪潮，现在已经基本走向尾声。第二，就是城市本身购房刚需人群逐年减少。现在中国城市购房主流人群大约是90后。

由于之前的计划生育政策，导致90年代之后中国新出生的孩子数量逐年下降，整个90年代出生的孩子数量只有80年代出生孩子数量的60%。第三，90后的父母大多是60后。60后很幸运，赶上了改革开放的浪潮，享受到了中国经济高速发展的成果。而且在他们正好有购买力的时候，房价处在低位，所以他们大多都买了房子。所以我们发现，往往60后的父母已经提前给90后的孩子准备好了为了结婚而买的房子。统计显示，大概60%~70%的90后已经拥有了房产。所以，90后的绝对人数少以及显著低比例的无房率，导致需要为了结婚而买房子的人数在迅速地萎缩。第四，中国老百姓的住房消费升级已经基本完成。以中国目前的人均收入水平和居住环境来看，其实我们的居住条件已经是超前消费了。所以有人说，消费可以不断地升级，来不断地换取大房子。的确如此，但是任何一种消费一定是跟人们的整体收入相一致的。中国人在居住上的消费水平跟我们整体的收入水平来比的话，已经算是提前消费了，那么接下去我们住宅消费还要不断地升级这件事情不能说没有了，但无疑这样的动力正在迅速衰减。还有一点就是，随着这几年中国经济的放缓，老百姓实际收入水平的增长也在显著放缓。当然最后，也是最重要的一点就是：推动过去房价上升的最根本的动力——过去十几二十年间我国实行的相对宽松的货币政策是已经结束了，我国货币增长速度已经从之前的平均接近20%降到了现在的个位数增速了。

所以，我们基本可以判断，中国未来房地产市场的价格随着实行多年的宽松的货币政策的退出，以及由于中国经济的放缓带来的老百姓收入增速的放缓，中国房地产住宅市场整体单边上涨的时代也已经结束了。

那未来房价会有一个什么样的趋势呢？

随着资本不断涌向房地产市场趋势的结束，资本会有从房地产退潮的一个过程，因此中国整体房产的价格会出现一个调整，当然调整之后的结果才是关键。我的判断是中国房地产市场的价格在整体出现一定幅度的调整之后，将会出现两极分化。所谓两极分化，就是有些地方房价调整以后，价格还会回弹，甚至再创新高。那么另外一些地区的房子降下来以后，可能将长期，甚至永远也回不来了。

那么，哪些地方房价调整以后还会回弹？哪些地方房子降下来以后就会再也回不去了？其实很简单，我们之前一再提到财富应该为人服务。那么，还有另外一个概念就是财富除了是属于人的，当然应该为人服务以外，同时也一定是跟着人走的。

未来中国的人口很快就会达到顶峰，然后总人口将逐渐减少。但是人是会移动的，随着人的移动，财富也会跟着移动，那么人会往哪走呢？很简单，老祖宗早就告诉过我们：水往低处流，人往高处走。所以，在未来中国总人口不增反减的背景下，中国一线城市、二线城市的人口将会越来越多，这些城市的规模也会越来越大。与此相对应的当然是农村以及那些五六线的城市其人口必然将会出现减少的现象，尤其是这些地方的年轻人特别是高能力的年轻人会从这些地方流出。

人往哪儿走，财富就往哪里走。财富流到哪儿，哪儿的房价就可以获得支撑。当然人流出了，财富也跟着流出了，房价当然也就无以为继。这是我对未来中国房地产市场的一个基本判断。

那么，在这样的判断下，我们该买房还是卖房呢？虽然每个人的情况不一样，但是有以下几个原则可供大家参考。

如果你有消费的需求，比如购置婚房，或者要换一个更大的房子。需要用的，该买还得买。因为很简单，房子是给人住的地方。我们过去常做的那种买一个房子，也不住，也不租，就放那儿放着，然后等着它涨上去就卖掉，赚取这种买卖的差价，这样的做法，我认为应该结束了。但我们今后会发现房租的回报会逐渐地回归合理。当然，现在在我们国内的城市买一个房子并且租出去，租金回报达到3%以上几乎不可能实现。从这一点上也可以看到，中国目前的房价确实不便宜了，客观上存在一个调整的需求。

最后我要说明一下，本文只是简单分析了中国城市的住宅商品房市场。中国房子类型非常多，除了城市的商品房以外，还有商业用房、工业用房，还有用于居住的经济适用房、单位的分房、小产权房……当然今后中国房子的主要类型一定都是商品房，所以本文重点分析的也是住宅商品房。

Q7 为什么说不要用父母一生的积蓄来付首付？

本文要谈的是消费的话题。理财，不仅包括如何赚钱，也包括如何花钱、如何对抗风险、如何传承、保管财富等内容。以我个人的经验来看，中国人赚钱不缺天赋，不缺热情，不缺想法。但是我们在理财上更大的问题，恰恰是不会花钱。有一个观点说：学会花

钱比学会赚钱更难，学会赚钱是手艺，而学会花钱是一门艺术。在花钱这个话题上有各种各样的问题、疑惑或误区，本文着重谈谈给谁花的问题。

花钱不光是买什么、怎么买的问题，最重要的是给谁买。我一直喜欢思考一个问题：为什么中国人有钱了，但是幸福感却没有大幅度地增加？原因有很多，其中非常重要的一点就是不会花钱。在这件事情上最常犯的也是最根本的错误，就是把钱花给了错的人。而在这一问题上，又有两件极端的事情，就是我们常说的两句话，叫“再苦也不能苦孩子，再穷也不能穷教育”。

这两件事情是中国现代社会消费误区、花钱误区当中最严重的问题。首先来谈一谈，“再苦也不能苦孩子”的问题在哪里？其实这句话涉及的是一个在花钱上非常根本的问题，即财富在两代人之间的转移。理论上讲，谁赚钱谁花。但是作为一个家庭来说，这就涉及财富的代际转移。孩子在未成年时，当然所要花的所有钱都来源于父母。父母养育孩子是天经地义，也是法律的规定。但这个规定一般来说是孩子在18岁成人之后，父母就没有该义务了。当然在现代社会的中国，由于劳动力的成熟时间越来越长，基本上父母养育孩子一直到大学毕业，因此出现了中国大学生的财务来源主要是靠父母提供这样一个现象。

尽管在很多观念上跟西方国家不同，但是我觉得这一现象也无可厚非。在人类的家庭结构中，它的设计就是如此。孩子小的时候，父母养育孩子，等到父母老了，孩子赡养老人，这既是一种财富的代际转移，也是传统美德。

当然，现在社会的发展包括社会保障体系的建立和现代金融制度的发展。现在的老人不靠孩子赡养，是一个社会发展的趋势和潮流。这样的特点导致了中国社会产生了一个巨大的问题，就是不愿意生养孩子。因为现在养育一个孩子，小的时候父母有义务把他养大，并且直到大学毕业，但是父母老了孩子却不一定会赡养他们。也就是说，养育孩子在财务上是吃亏的。

本文重点要讲述的是现代社会非常普遍的一个现象，就是孩子已经成人，并且已经过了求学阶段，具备了谋生能力，但仍然要靠父母来供养，这样的情况我们就称之为啃老。这类人，我们把他们称之为啃老一族。

对于啃老，无论从哪个角度来看，都是不值得肯定的消费行为。但事实上，啃老的现象在中国极为普遍。观察一下周围的家庭，一家三代人消费水平基本上可分为三个阶级：消费水平最高的是孩子，消费水平最低的是老人。这种消费的错误倾斜，实际上是构成中国人相对不那么幸福的一个重要原因。

对于啃老一族，社会学家把他们称之为新失业群体。啃老不是就业的问题，而是一个消费问题。在涉及的问题当中，其中金额最大的一个消费理财问题就是，父母是否应该帮孩子买房子。

根据某银行调查，中国80后、90后住房的拥有率高达70%，居全球首位。而在无房者中91%计划在今后五年之内买房，而买房的年轻人中有三成是父母全款购买，超过六成的人首付由父母提供，仅有不足一成的人靠自己奋斗付首付。许多家庭为了给孩子买一套房子，会把祖孙三代的存款都拿出来，甚至是借贷。面对这样的情况，我的答案非常简单，这是完全的错误，不是说父母不应该帮孩

子买房或者付首付。关键问题是，父母不应该把自己所有的积蓄拿来给孩子买房子做首付。理由很简单，理财该怎么理，最重要的是分清轻重缓急。

孩子买房子与老年人的养老保障相比较，毫无疑问后者更加重要。老年人安享晚年这件事情远远超过孩子买房。关于老人的养老问题，费用比我们普通人想象的更多。虽然老年人日常消费不多，但是奋斗了一辈子，为什么不能够享受一个更丰裕的、富足的晚年生活呢？第二，老年人最重要的是需要留下医疗保障，家庭护理等高成本支出。所以，没有百万难养老。现在在一线城市除了有自己的房子以外，没有三五百万养老可能都有点吃力。我的观点是，老人在自己的老年生活养老、医疗、护理这方面的资金安排充足的情况下，力所能及地在孩子置业的时候给他一定的帮助，这无可厚非。

当然，我们知道有些人急着给孩子买房子，第一个原因是怕现在不买，以后更买不起。第二个原因可能对男孩子来说尤为明显，因为没房子他们在找对象时可能会遇到问题，女孩子不愿意嫁给没房子的人。

关于一个人到底什么时候应该买房子这件事情，以后会详细地跟大家分析。早买有早买的好处，迟买有迟买的好处。我就先给大家讲一个真实的例子。我遇到过一位非常优秀的小伙子，到大城市打拼，有一份收入不错的工作。经过几年的打拼好不容易攒到了五六十万块钱，就想去买房子，但后来发现五六十万元做首付还不够。于是他就继续攒，隔了两年，攒到了100万元，又想去看房子，发现房价又涨了，还是不够买到自己心仪的房子。这时候他女朋友给他下了通缉令，说他再不买房子他们之间就吹了，反正没房子想结婚肯定是没门。

用全部积蓄结婚买房　　用这笔积蓄全世界游学

三年后回国家庭事业双丰收

但这小伙子非常的棒，他没有陷在这样的一个怪圈里边：永远攒不够首付，攒不够首付就买不起房，买不起房就娶不到媳妇……这好像是一个无解的难题。除了向父母伸手，没有别的办法了。但是这个小伙子选择了另外一种做法，他没有向父母要，甚至主动跟女朋友提出了分手，同时辞了职，然后他拿着攒的一百万——现在做首付都不够的这笔钱，做了一次全球的游学。三年以后，他带着他的太太回到了上海，并且创立了自己的工作室。现在他不仅有了

一份自己的事业，购买了房子，太太还给他生了一个胖大小子，可以说是事业、生活双丰收。

大家肯定会说这是个特例。这小伙子特别能干，在外留学还能碰到一个愿意跟他来到上海，并且没有房子也愿意嫁给他的女孩子。但是很多女孩子不是这样的。谁能像他那么幸运呢？其实这个例子想表达的不是这个小伙子有多幸运，而是他做出的选择决定了他今天的成功。

其实反过来，啃老这件事情不完全是孩子的事情，甚至主要责任都不在孩子，而是上一代的人的问题。当父母从小包办了孩子所有的事情。那么，孩子对父母的依赖当然就形成了一种习惯。如果之后，结婚、娶媳妇、买房子，这些事情仍旧需要父母倾家荡产去支持的话，**父母以为是帮了孩子，实际上是剥夺了孩子为自己未来的幸福生活打拼的机会。**

Q8 学区房、旅游房等特殊房产该买吗？

古有孟母三迁，今有家长择校而居。近几年学区房的概念越炒越热，特别是在北上广深这些大城市。一个名校边上的房子动辄十几万元，甚至几十万一平方米，而且还是老、破、小。但是即使如此，家长还是趋之若鹜，求之不得。前两年还有个电视剧叫《虎妈猫爸》，主人翁一家也是卖了大房子之后，搬进了一个小房子，为的就是给孩子买一个好学校的准入证。

关于学区房，最近有人算过一笔账，很多家长倾家荡产买了一个学区房，希望孩子能够上一个好的学校，目的无非是为了能够考一个好的大学。但是我们发现，在北京的很多学区房，哪怕是北大、清华、中科大这样的一些顶级学校的毕业生，也买不起。这是我们教育的悲哀还是我们房地产市场的畸形？那么我们又该如何来面对这样的问题呢？

中国的教育资源分配相对不均，所以学校有好与差，家长希望孩子上一个好的学校绝对无可厚非。但是在分析一件事情值得做还是不值得做时，关键在于分析这件事情的成本和收益。

首先来看看买学区房的成本，学区房的成本不是因为学区房的房价贵，它的额外成本就多。其实这和房价高低没有关系，为什么这么说呢？如果你买一个学区房，现在这个学区房房价特别贵的话，当你以后孩子毕业了，你可以把房子卖出去。不发生大的意外，这个房子也一定还是比较贵的。所以学区房价格贵，并不是学区房的成本。

学区房最大的成本其实是，你为了买到这个学区房，让你的生活品质出现了巨大的影响。比如说，你本来住一个大房子，现在换到了一个老、破、旧的小房子里。还有更多的影响是因为要住到这个学区房里，使得本来夫妻俩上班所需的半个小时，因为学区房与工作地点距离远的原因，变成了每天倒腾两三个小时，甚至更长。以及包括父母、孩子自己离开原来熟悉的环境和人群、朋友，而导致的对孩子生活和心理的影响。

如果说买学区房是为了孩子的话，那我要提醒的是，对孩子学

习成绩影响相当大的一个因素就是，不断地转换环境和周围的朋友。这些是它的重要成本，那么学区房的收益就是孩子可以到一个更好的学校学习。这其实涉及一个非常重要的概念，什么是好的学校？我们通常认为的好学校往往是这个学校的学生考分平均比较高，但一个考分平均比较高的学校未必就是好的学校。因为平均考分比较高的学校，通常生源也比较好，也就是说考分高低，学校有一定的关系，但是关键还在于学生本人。比如，一个孩子勉强通过学区房或缴纳赞助费等方式上了一个好的学校，必然在这个学校里面成绩比较靠后，甚至因为成绩比较靠后导致相对不太自信，这对孩子未来的发展未必有好处。反之，如果在一个相对不那么好的学校学习，但是成绩非常拔尖，各种锻炼的机会也比较多，相对来说有利于学生建立自信和综合素质的能力。当然这里要说明一下，我们不是说好的学校只有生源好，而是说学校的好与不好没有绝对的区分，最多只有相对的概念。

精彩音频 即扫即听

好的学校教育资源、教师的水平的确相对较高，这是客观存在的。但是我只是提醒大家，不要高估了一个学校的作用，学习更多的还是靠孩子自己。父母对孩子的影响也非常重要。以我的观察发现，一个学霸级的学生基本上都不是靠父母逼着他学出来的。恰恰相反，他们的父母往往根本就不管他们的学习，而父母自己一直在学习，这种榜样的力量对孩子的影响却是最重要的。所以结论很简单，一个相对较好的小学或者中学对孩子的学习一定是有帮助的，但起不到最根本的作用。

那么，到底要不要买学区房呢？我的观点非常简单，如果你买了这个学区房，对你父母、自己以及孩子的生活影响不大，那么购买一个学区房对于能够上一个相对好的学校完全值得。但是为了买学区房，父母和孩子的生活质量都严重地受到了影响，甚至会影响到工作，那么就绝对不值得买。其中当然包含了一个关于教育理念的非常重要的观念。我个人认为，孩子学习成绩优异，当然很好。但是学习成绩好，跟孩子有健康的心理、身体和快乐祥和的家庭生活比起来，学习成绩就不那么重要了。你想一想，你为了买学区房，把原来150平方米的房子换成一个50平方米的房子。上班时间从原来的半个小时，变为现在的来回倒腾两个半小时，这样一种生活状态的变化一定会反映在日常生活中，这也肯定包括家庭成员之间的沟通交流。而孩子如果在这样的家庭环境中生活的话，他的学习成绩会提高吗？所以不把提高孩子考试成绩作为唯一教育目标的话，在选择学区房的时候就不会那么疯狂而会变得更加理性。

当然讲到学区房，还有几个概念要跟大家提醒一下。第一，你买了这个学区房，你的孩子是否就能够进入你希望的那个学校，是不一定的。因为教育部门对学校对应的生活区的划片，是经常变动的，而且相应的政策也会经常改变。比如有人的孩子明年要上小学了，他今年买完这个房子后能不能进这个学校呢？那就未必。有的政策规定他必须提前几年去购买。第二个，哪怕这个小区是属于这个学区的，也还有学位的问题需要解决？就是小区对应的学校每年给这个小区分配的学位是有限的。比如说只有10个学位，但是正好该小区该学年，有12个学童需要上学，这时候就采取先到先得的方法。如果迟了，那就上不了这个学校。比如说最近上海还甚至规定

同一个房子里边，五年之内只有一个学位，这什么意思呢？比如说这个房子以前住的人，他的孩子在这里上学了，而现在他转学或者出国留学了，所以就把房子卖了。而有人买了这个房子，当他想用这个房子让自己孩子上这个学校的时候，对方会告诉你，这个房子在五年之内已经有学生上了学，你不符合条件。所以买学区房之前一定要了解清楚政策。

至于说了解清楚以后政策又变，那只能自认倒霉。但是如果购买学区房对生活并没有什么太大影响，其实哪怕政策变了，因此孩子不能上那个小学了，你的影响也不大。我前面也提到了，哪怕现在这个学区房很贵，你可以转手给别人，所以这不是大问题。有人为了买这个房子，把自己以及孩子的生活搞得乱七八糟，这才是大问题。

除了学区房，其实房子还有很多特别功能的房子。比如说现在的养老社区房，还有一些旅游景区的旅游房。像这种养老房、旅游房等，大家在购买的时候一定要小心，不要看到那些房子又噱头或环境好，头脑一热就买下来了。还是那句话，房子是用来住的。如果不去住，这个房子的功能就没有发挥，它的价值当然就不值买的那个钱。而现在的很多养老社区、旅游景区的房产未来你是否会去住呢？其实是要打个大问号的。因为我们选择一个地方居住，跟我们去旅行是完全不一样的。

我们不仅要风景好、环境好、房子好，我们还要生活便利，有周围熟悉的环境以及朋友。那旅游景点有这些吗？至于说养老房产，你现在觉得很好，以后真的老了，会去住吗？想明白了再去买。

【案例】普通工薪家庭应该如何买房？

在很多读者给我提出的具体理财问题当中，比较集中地体现在对房产的关注。本文我们就来重点回答几个关于房产的问题。

有一个案例，发生在几年前一个普通的长沙家庭。丈夫在外工作，太太则在家带孩子，一家人的年收入大概是15万元。他们有一套不到80平方米的房子，现在的房价是一万元多一平方米，价值大概是80万元。当初用公积金贷款买下了这个房子，每个月需要还贷款2 000元。现在剩余贷款额度是28万元。另外，他们手上还有20万元的闲钱。由于最近生了二胎，他们就想要换一个更大的房子，但是又不想把现有的房子卖掉。

他们为什么不舍得卖现有的房子，除了对它有感情，还因为觉得这套房子未来还有其他用途。由于靠近地铁，房子出租后，每月大概能有2 000元的租金收入。新房子要买，旧房子又不想卖，手上的现金也不多，于是丈夫设计了一套方案，让我分析是否可行。

他的做法就是，等付清首套房子的公积金贷款之后把房子抵押给商业银行，获得一笔预计50万元的抵押贷款。再以这50万元的抵押贷款作为首付，买一套更大的房子。由于未来自己有居住的房子，可以把现有的这套房子租出去，缓解抵押贷款的压力。这是他的整体想法，当然这样做到底是否可行，是否存在风险，有没有更好的办法，仍然值得探讨。这看似只是家庭生活中如何买一个大房子的简单问题，但是涉及房地产市场中非常多方面的内容，所以值得给大家分析。

这对夫妻的现有资产分析

首先，这户家庭现有的净资产为70万元左右。因为他现有的房子价值80万元，拥有20万元的现金，总资产是100万元，还有28万元的公积金贷款，所以净资产大约只有70万元。用这70万元的资产，撬动两套房子，一套自己居住，另外一套作为出租，成为生息资产。这当然是可行的，当然要通过只有70万元的净资产来获得两套房产，超过两百万的总资产，那只有一个办法，就是增加负债。负债，作为一个重要的概念，在很多人心目当中，是一个负面的东西，但是它其实也有非常好的功能，就是增加可控的财务资源。一个人的总资产减去负债等于净资产。所以负债越多看似越不好。但是倒过来，这个公式也可以理解为净资产加上负债就等于总资产。负债增加了，总资产也就增加了，实际上就是可掌握的财务资源变得更多了。而这位先生对自己家庭未来的购房计划，就是充分利用债务的方式，使得只有70万元净资产的家庭能够掌控两套房产，路径非常清晰，是可操作的。

当然，近年来各地都有不同的房产调控政策。这位先生除了要考虑是否可行以外，还要具体地了解一下当地的相关调控政策。比如说第一套房子抵押贷款能不能达到他预计的六成以上。因为他只有80万元的房产，若要贷到50万元，那抵押贷款必须达到六成以上才行。这是否能做得到？甚至还要考虑有一定年龄的房子，是否能够贷？这些都存在很多限制，那就要了解当地的房产政策。包括第二条，已经拥有一套抵押贷款的房子了，是否有资格购买第二套房子？或者买第二套房子，首付必须达到多少？现在有很多城市，购买第二套房子，首付要达到七成以上。那么按照他现在的想法，就不可能用第一套房子按揭贷款的50万元做首付来买一个更大的房产。

所以这个方案是否可行，关键取决于当地的房产政策。这样的操作在正常情况下当然是可行的。但也毫无疑问，存在的风险非常大。第一，这户家庭的资产几乎全部集中在房地产市场，那么房地产市场的波动对他们的资产影响将非常大。第二，当然就是他们的债务比例非常高，远远超过了50%，这种情况一般我不建议这么操作。但是如果他们确实觉得这么做很有必要，那也可以做。因为事实上很多人就通过这样把自己的资金链绷得很紧的方式，在过去的岁月里面获得了财富的极大提升。

如果这户家庭生活在其他的城市，我会强烈建议他们不要那么做。但是恰好，这个故事发生在长沙，情况就有些许不同。长沙目前作为中国的二线城市，房价相对比较便宜，租金回报也较为合理。他们现在那一套值80万元的房子，每个月可得到2000块钱的租金，回报率达到了3%。在绝大多数城市中，包括一二线城市和三四线城市都很少能够达到这个标准。这说明就算长沙的房地产存在泡

沫，也是程度相对较少，较轻的泡沫。所以恰恰发生在这样一个城市，这位丈夫希望进一步通过购置房产，通过加杠杆的方式来实现自己的生活的目标。尽管风险很大，但是也并非不可做，对此的态度是他要向我咨询的话，我建议不这么做。但是他想这么做，我也不强烈反对。

投资理财，实际上是一种价值观，是对生活和事物的态度和心态，没有绝对的对和错。

但是从专业角度分析，因为加了那么大的杠杆，并且房地产市场本身较高的风险，紧张的现金流，毫无疑问会导致他的风险非常大。进一步分析，他的现金流是不足的。他现在手上只有20万现金，还掉第一套房子的公积金贷款需要28万元，这就有8万块钱缺口。

第二点要注意的是，当他成功购得第二套房子后，按照中国房产的特点，是不能马上入住的，这是一个很有趣的现象。我们购买任何商品都能马上使用，但是房子是个例外，我们还得自己重新加工，这一过程我们称之为装修。装修的花费非常高，他没有充分地考虑到这一支出。

第三，在还掉第一套房子的按揭贷款后，通过抵押贷款把它拿回来，再去买房子，这期间所有的操作过程都是有成本的。成本不仅包括精力和时间的成本，还有直接的交易成本，而所有的这些细节他都没有考虑。所以整个计划操作过程现金流会绷得非常紧的。如果真的要进行操做，可能还得向亲朋借贷十来万元才能真正进行周转。

至于最后，是否有更好的方式呢？从理财角度分析，肯定有更好的，但这并不符合他的愿望。因为从理财上讲，他最恰当的方式就是把第一套房子卖了，这样他手上总共有70万块钱，作为首付购买一个更大的房子，改善自己的居住。那么在整个过程中，买了新房装修住进去，可能手上还能有点现金。这样的话，他的生活不仅得到了改善，手上的整个运作现金流也不需要找亲朋再筹措了。再者，手上还能保持一定的现金流，来应对生活的不时之需。我们经常讲的，每个家庭一定要有一点应急金，不能全用光，就是这个道理。

当然这个所谓的更好的策略，实际上只是从理财技术本身来说的。理财实际上是一种生活方式的选择，没有绝对的对错。我们只能告诉大家，为什么现在美国都在缩表了，中国企业都在降杠杆。这说明经济到了一定阶段，资产的风险越来越高，那这时候对待家庭理财应该相对更加保守。而那种不断增加杠杆的方式，在过去的岁月当中确实使很多人财富获得了极大的提升，但是在今后的岁月当中，是否还应该通过这么激进的方式来进行操作。我只能说，要打个大问号。

Chapter 5 常见理财工具

Q9 买黄金饰品、金条，真的能“保值”吗？

上一篇文章中谈到了教育问题，我补充一个观点：对孩子的教育应该以一种消费的心态来看待，而不是投资。很多人一讲到教育，就是教育投资，其实对孩子来说，它不是投资。因为如果算成投资的话，这个投入、产出是没法计算的。但是成人的教育可以算是投资。当一个成人要攻读MBA时，就可以通过计算投入、产出来得出这事值不值，这可以把它理解为是教育投资。作为投资，一定要算投入、产出。而从消费角度来看，特别像教育，对孩子来说，就是一项基础消费，不是投入、产出的问题，而是一个适合、不合适的问题。我个人认为对孩子的教育消费要适度，尤其对现在的国人的家庭来说，孩子的教育有点过度消费了。

本文我要讲的是关于黄金投资的问题。

“是金子总是会发光的”，国人一般认为黄金是硬通货，那是一个好东西。那么我要唱个反调了，在我的观点中，黄金不是好东西，并不值得投资，甚至我就不认为黄金是一个投资品。从专业的投资角度看来，黄金确实不具有投资的功能。黄金在历史上被作为货币来使用，而且有一定的避险的功能、财富储藏的功能、投机的功能乃至实用和炫耀的功能，恰恰不具有投资的功能。因为黄金既不能生息，也不创造新的价值。但现在黄金早已不再是货币了，其避险的功能也在淡化，至于其财富储藏、实用和炫耀等功能也同样在不断丧失。目前来看，黄金也就是投机的功能和部分实用功能还有一些。这样说看，我们应该如何看待黄金呢?

现在来看，黄金其实就是一种没有太大用处的黄色金属。所以我建议大家把黄金从你的个人投资理财、家庭资产组合当中剔除，在我们的投资理财活动中不用再考虑黄金。

但我在各个场合和大家交流理财问题的时候，常常被问到的问题就包括：黄金投资值得不值得做?特别是只要国际形势有一点紧张的时候，黄金价格出现一些波动，大家想着又要去买黄金了。或者有些大妈觉得股票、基金太复杂，搞不懂，房子太贵不敢买，那就干脆买点黄金。

在这里我给大家分析一下我的观点。因为我们人类曾经用金属来做货币，比较常见的是用金、银、铜这样一些金属来作为交易的工具。后来尽管发明了纸币，但当初的纸币也只是黄金或其他货币金属的代用品。或者说，所有的纸币也都是跟黄金或者白银挂钩的，特别是工业革命之后，全球经济高速发展，国际贸易日渐频繁，客观上人类需要一个共同的基准货币，当时英国作为世界经济的中心，碰巧选择了黄金作为基础货币，也就是所谓的“金本位”的货币制度，这使得黄金成为世界主流货币，金本位成为世界主流的货币体系。

其实讲到“金本位”的货币制度，还要讲到一个大科学家，就

是发明了微积分、经典物理学的牛顿。牛顿在他晚年时，当上了英国铸币厂的厂长。在这期间，他就发明了“金本位”。而后来英国成了全球的霸主，所以在接下去的全球贸易当中，大家共同选择了“金本位”的货币制度。这样的一个货币制度一直延续到第二次世界大战结束。第二次世界大战，让欧洲遭受重创。第二次世界大战后，世界经济的中心也从欧洲转到了美洲。世界经济的霸主也从英国变成了美国。于是，美国人建立了一个以美元为核心的货币体系，即布雷顿森林体系。这个体系的特点就是其他货币放弃与黄金挂钩，转而跟美元挂钩，而美元跟黄金挂钩。英国放弃货币主导权也是无奈，因为第二次世界大战，世界各国黄金大量流向美国。第二次世界大战结束时美国不仅经济占到世界经济总量的60%，而且世界黄金储备3/4在美国。战后欧洲各国亟待重建，需要大量资金，但一场大战将欧洲各国财富消耗一空，如果还要坚持金本位，亟待重建的欧洲将无法筹集急需的重建资金。所以到1944年，第二次世界大战结束在即，各国集会美国，布雷登森林这个小地方开会商讨战后重建事宜，首当其冲的就是要重建世界货币体系。美国借助其强大的经济和军事等实力，顺理成章地接过来世界货币体系的牛耳。构建了布雷登森林货币体系。到了这个阶段，尽管世界各国货币与黄金脱钩，但是世界核心货币美元仍然和黄金挂钩。黄金仍然是财富与货币的代名词。但是持续了没多久，到了20世纪70年代初，美国单方面宣布美元也跟黄金彻底脱钩，这也意味着布雷顿森林体系解体。从此之后，货币跟黄金就不再有任何关系了。

精彩音频　即扫即听

从那一刻开始，黄金作为货币的属性就在不断地减弱，逐渐回归到只是一个黄色金属的位置，而对应的黄金价格也基本是按照这个趋势发展。到了70年代末，当时的苏联入侵阿富汗时，黄金达到它的历史高位，800多美元换一盎司黄金。从那以后，实际上黄金的价值就在不断地下跌。70年代末的800美元换一盎司黄金。到了今天，也就是大约1200美元~1300美元换一盎司黄金，大家知道这40多年美元贬值了多少？而黄金相对于美元仅仅涨了50%，那其实也贬值了非常多倍。

网上流行的一个段子，尽管是段子，但也反映了一定的事实。民国的时候，一两黄金可以买到两亩土地，二两黄金可以在北京买一个四合院，现在二两黄金相当于多少？一百克也就3万块钱，现在在北京连一平方米的房子都买不到。当然，这个段子没有得到过精确考证，但大体差不多。

我可以跟大家分享一下我的自身经历。我90年代初研究生毕业，当时研究生毕业，可以称之为天之骄子，那时候研究生毕业工资也挺高的，一个月一百多块钱，要知道这个工资水平对当时的人们来看是相当不错了，大部分人干到老都挣不到这么高的工资。这个工资如果换算成黄金是多少呢？正好可以买到1克黄金。再看看到了今天，25年过去了，现在的研究生遍地都是，可以说连我们那时候的大学生都不如。我们姑且就算现在的一个研究生在大城市找到了一份普通的工作，工资5 000块钱。5 000块钱的工资目前大约可以买到20克黄金。同样是研究生，毕业25年前干一个月只能买到1克黄金，而现在可以买到20克黄金。倒过来算，相当于在这25年当中，黄金相对于劳动力的价格整整贬值了20倍。跟房子相比，大致也是这个比例。90年代初，二两黄金大概可以买到20平方米的房子，那么现在呢？大概就是买一平方米的房子，也是贬值了20倍。事实上，黄金相对于绝大多数东西都贬值了非常多倍。最重要的，这个贬值趋势我认为不会结束，而是会持续下去。因为黄金作为一种没什么用的黄色金属，本来就不应该值那么多钱。之前的价格之所以那么高，是因为人类曾经把它作为货币。但停止使用以后，它的货币属性就在不断地淡化，因此它的价值也就在不断地下跌。

有人说黄金怎么没有用啊？它有很多工业用途，而且还可以做首饰。黄金当然有一定的工业用途，但是可用它，也可不用它。至于说装饰的作用，主要是因为它曾经值钱，我们通过把这种金属挂在身上来彰显自己有钱。以前，你戴一个很粗的金链子可以表示你很有钱，现在你再在脖子上挂一根粗的金链子，除了让人觉得你没文化以外，人家不觉得你有钱。

所以从投资理财角度来看，我不建议大家买黄金，因为它既没有保值功能，也没有增值功能。而储藏财富的功能由于有了又方便又安全的现代金融服务体系也不再需要了，所以，到了今天，黄金除了在不断地贬值，甚至连避险的功能都没有了。

投资界的大神巴菲特怎么说黄金呢？他说：“文明人不买黄金，你们自己看着办吧。”我知道中国人还是对黄金特别喜欢，而且黄金的玩法也有很多。你既可以买首饰金，也可以买纯金金条，或者是纸黄金，甚至是买一些黄金类的收藏品。

关于这几种玩法，我简单介绍一下。首先是黄金饰品，就是把它当成一个首饰来看，不要觉得这个还能够保值。那不是财富，就是一个首饰，你喜欢这首饰就买，不喜欢就不要买。至于说买金条，黄金的价值一直在不断地下跌，买了金条放在家里，它的价值就是不断地贬值。而纸黄金实际上是利用黄金价格的上下波动来进行炒作，低买高卖，这纯粹是一个投机行为。如果你是此道高手，那么你去做，我无话可说。但是对普通人，我是绝对不建议做这种行为的。因为黄金的价格太难判断，而且长期投机来说，绝大多数人一定是亏的。至于黄金类的收藏品，那就又当别论了。收藏品的价值，关键取决于这个收藏品本身，比如说它的艺术性、年代、稀缺性等。价格的决定跟黄金的材质关系不大，这跟一个木头的收藏品、一个石头的收藏品没有本质的区别。所以黄金类的收藏品关键取决于产品本身的价值，而不是考虑黄金这个材质值多少钱。

黄金不太容易生锈，化学性能稳定、易延展、塑形。就这么一些特点。当然，相比于买到假的收藏品，至少黄金做的假收藏品，最终那一点金子本身还是值一点钱，但那肯定值不了最初购买的收藏品的价格。

所以，关于黄金投资，我的观点是黄金不是好东西，从长期趋

势来看，它的价值一定会不断地下跌，人们应该在自己的投资组合当中把黄金剔除出去。有人反对这个观点，认为黄金的值钱不在于是否有用，而在于它的稀缺性。的确，稀缺性是投资中一个非常重要的要素，但是稀缺性的前提是这个东西有使用价值，没有用的东西再稀缺还是没有价值。也可以理解为一样事物的稀缺性跟它的需求相匹配，没有需求，量再少也会过剩。同样的，如果需求非常旺盛，哪怕数量很多，它也会产生稀缺效应。其实，不仅黄金的投资价值会不断地回归，白银也是如此。

中国是白银帝国，古代中国大部分时间是以白银为基础货币，所以也有很多人喜欢这种金属。同样的，我对白银也不看好。通过黄金和白银的比较，正好证明了黄金价格昂贵，与它的稀缺性没有关系。因为现在黄金和白银的价格比值相差了几十倍，但是在这个星球上，黄金的储量远多于白银，白银更加稀缺，但它的价值为什么只有黄金的几十分之一呢？

很多人对黄金抱有幻想，其实这是一种心理上的误区。因为现在这个世界的核心货币是美元，但人们自然认为世界本该用一个共同货币而不应是某国的货币，比如说黄金作为核心货币。至少现在完全看不到有任何一种新的货币形式可以取代现有的货币体系。

最后总结一下，把黄金从你的投资组合当中彻底地剔除，忘掉这种没有任何用处的黄色金属吧！

Q10 银行卖给你的理财产品其实有玄机？

本文要跟大家讲的其实是理财产品。虽然现在银行的大部分理财产品收益不高，但是安全性也不错。如果有一笔暂时不用的资金需要保证安全，可以购买一些这样的低风险产品。为了获取一个比银行利息稍高的收益，问题当然不大。但是广义的理财产品，其实是普通老百姓把钱交给一个像是银行、证券基金公司的专业机构，由这样的专业机构帮助运作资金，然后分享收益。当然这也需要承担相应的风险。

像这类理财产品就经常出现一个非常吊诡的现象：往往那些最终表现比较差的产品却卖得特别好，而表现很好的产品却卖不动。也就是说最后出问题的理财产品，当初在销售的时候常常是“爆款”，受到大家广泛的追捧。为什么会有这样的现象呢？我们来看一个例子。

我有个朋友，他做生意多年，是金融机构的高端优质客户，因此也是各家金融机构争夺的重点。他也是很多外资银行的贵宾客户。前几年，他在这些世界顶级的外资银行购买了很多的理财产

品，结果发现亏损面非常高。当然他所购买的都是相对有风险、可能赚也可能亏的理财产品。按照常理分析，当这些产品投放在某一个市场后，可能会成功也可能会失败，投得对了就赚，投得错了就亏，这都很正常。他想不要说这些机构都是世界顶级的投资银行，哪怕是普通人瞎投，盈亏的概率也应该是一半对一半。但最终的结果竟然是，他买的那些金融产品80%是亏钱的。这个结果让他很费解。

其实这一点不奇怪，并且很好理解。事实上，这个问题的出现应该从机构和客户两方面找问题。我们知道，这些金融机构考核员工以及给予员工的奖励和提成，大部分情况并不与这些理财产品的最终收益挂钩，而与他们卖出的产品的销售额挂钩。所以这些“聪明”的金融机构等销售人员一定是倾向于推荐那些好卖的产品，而不一定是最终收益好的产品。当然，如果好卖的产品和最终收益好的产品是一致的就不会有问题。但很遗憾的是，客户喜欢买的理财产品也就是好销售的产品，常常恰好是最终收益较差的产品或者说是比较容易出现亏损的产品。于是上文提到的那个吊诡的现象就出现了。但关键问题是客户为什么喜欢购买那些最终收益较差的产品呢？

因为我们大家都喜欢买预期收益好或者是已看到了赚钱效益的产品。但问题是当已经看到赚钱效益时，这些产品常常已经变得比较危险了。比如说，黄金在过去的几年时间里气势如虹，走出了一个波澜壮阔的牛市行情。于是某金融机构就推出了一款和黄金挂钩的产品。按照过往的数据分析，因为黄金在过去几年的优秀表现，该产品的预期收益会很不错，而普通老百姓也确实看到了过去几年黄金市场的赚钱效应，于是纷纷购买。但当市场在某个领域已经走了好几年的大牛市，通常这个时候，市场也走到了一个相对的高点了，那此时最终出现亏损的概率当然也已经越来越高。

我有一个在国内做阳光私募的朋友，拥有极好的投资理念和人品，却做得非常辛苦。因为当他看到市场价格变得很便宜的时候，也就是一个相对比较好的投资时机的时候，常常筹集不到资金。2005年，中国股市在1 000点左右徘徊，他看到了一个巨大的投资机会。于是创立了阳光私募，但是在募资的时候遇到了非常大的困难。当时人们看到的都是周围投资股市亏钱的人，都不敢再往里面投钱。听说他要募资投资股市，纷纷回避。于是在市场最好的时机只募集到很少的一点资金。

而到了2007年，股市已经到达5000多点，这已经绝对不是一个投资股市好的时机了，但这个时候，各类证券投资基金、投资股市的理财产品层出不穷，大家纷纷解囊投到这样的一个市场上。那时候很多基金都曾出现过在短短十分钟之内完成一百个亿的募集。最终的结果是，绝大部分在高位投入股市的资金都被套牢了。

所以我在给金融机构的客户经理讲课时，就曾教过他们一种简单的投资方式。这些客户经理的工作就是卖各种各样的投资理财产品，而且有销售指标。这些产品有的时候好卖，有的时候不好卖。我教他们的方法就是，如果一个产品很好卖，那就赶快卖给别人。甚至如果自己手头有这类产品的话，也把它卖掉。但是如果碰到某个产品卖不出去的时候，那么就自己掏钱来买。一来可以完成指标；二来这些卖不出去的产品往往会赚大钱。有人照此实践，效果甚佳。

现实生活中这样的例子俯拾皆是，几乎屡试不爽。其实这验证了投资市场一个颠扑不破的真理：**在别人贪婪的时候，你要恐惧；而在别人恐惧的时候，你要贪婪**。这不仅可以用于股市，在更大的投资市场和产品选择上也同样适用。如果你发现某个市场长期以来一直受到大家的追捧，那就是该考虑离开的时候。而某个市场一片恐慌，大家都不愿意谈论，往往这就是考虑进入该市场的时候。

Q11 P2P是不可或缺的非主流金融产品？

金融产品的种类繁多，本文将重点对大家关心的热门金融产品：P2P产品做一下分析。要对P2P产品有一个深入的了解，必须了解风险和收益的关系。

我曾在前面的内容中提到过无风险收益率，并且提出只有将租出去的房子租金收益达到无风险收益率以上，才能算是真的租了出去。如果房子的租金收益连无风险收益都达不到，那等于是给别人免费使用。但很多读者就向我询问什么是无风险收益率？本文就先来介绍一下无风险收益率的概念。

用一个不太准确的说法来比喻，在中国的大型国有银行一年的定期存款利息大概就是无风险收益率。当然银行存款利率是变化的，所以市场的无风险收益率也是上下波动的。目前大约是3%左右。无风险收益率的意义就是若收益率只达到了银行存款水平，那么这项投资是绝对不应该有风险的，否则就没必要买这个理财产品，只需放在银行即可。因为放在没有风险的银行都能够获得这样的收益。若投资收益率比它低，就没有投资的必要。所以无风险收益率也可以理解为，在做投资时应该达到的最低收益率。倒过来就是，我们做的任何一项投资，收益一定要比无风险收益率高。所以任何一项投资的真正收益率就等于无风险收益加上风险收益。其中额外的风险收益就是承担了一定但投资风险而获得的收益。我们把这个额外的收益称之为风险收益。而风险收益，则是承担的风险越大，获得的收益越高。这个概念也引申出投资的时候永远要记住的铁律：投资的风险和收益成正比。若想要获得一个高的收益，就必须承担一个相对更高的风险。如果完全不愿意承担风险，那么收益就只能是无风险收益。

对金融产品的风险和收益的概念有所了解了以后，我们来看看P2P到底是什么？它运行的逻辑是怎样的。要了解P2P的设计原理，我们先要了解金融产品的本质是什么？在这个世界上，一些人手中有富余的钱，还有另外一些人需要用钱但缺少资金。如何让这部分富余的钱转移到那些需要用钱的人手中，供他们使用，同时又能够给提供资金者一个合理的回报和保障，这就是整个金融体系的目的所在，也是所有金融产品的本质。

精彩音频　即扫即听

实现这样的资金融通，最传统的方式是通过银行。有闲钱的人把闲钱

交给银行，我们称之为储蓄。需要用钱的人向银行借钱，就是贷款。通过银行这样一个中介机构，把有富余的钱转移到需要用钱的人手中，这种融资的方式就称之为间接融资。

第二种方式，是指需要用钱的人直接向有钱的人融资。若融资方拿到了投资方的钱后，承诺在未来的某个时刻归还本金与利息，就是债券。通过这种方式的融资叫债券融资。当然也有把融资的钱用于企业建设，但是不归还本金和利息，而是把所办企业的一部分股权分给投资方的方式。通过这种方式实现的融资就是股权融资。

像股权融资和债权融资这两种通过资本市场来实现的融资方式，也称为直接融资。用钱方直接向有钱人进行融资，这种直接融资方式大多是一个企业向他人进行融资，所以企业可以通过发行债券或股票的方式来得以实现。

通过股权或债权的融资方式一般只能是企业，而且通常是比较成熟的有一定规模的企业才能够操作。其实直接融资还有一种更加直接的方式，除了大企业、小型企业、初创型企业甚至个人都可以操作。就是当一个人（或机构）需要用钱时，直接向另一个（或一群）有钱的人借钱，并且承诺何时候归还本金与利息。那么，这种需要钱的人直接向有钱的人融资，并且不是通过资本市场发行股票债券的方式来进行融资的方式，就可以统称为P2P。当然需要用钱的人和有闲钱的人，他们之间的相互信息和需求，需要有一个中介机构来传递，甚至于该机构不仅要了解供需双方的信息，常常还需承担某种程度上的信用担保。这样的一种中介机构就可以称之为P2P公司。它们发行的产品就叫P2P产品。

融资方式

所以P2P产品是一种直接融资，而且相对来说这不是一种在资本市场上通过常规发行股票债券来实现融资的方式。因为发行股票和债券的审批条件要求较高。很多的小微企业或者甚至个人，在需要资金时不能都通过正规的资本市场来进行融资，而P2P的方式就能够很好地实现整个社会更低层次者对资金要求的相互对接。以此实现整个社会的运行更加流畅，资金更好地利用。

P2P产品从本质上来说，实现了整个社会中相对更低层次的人群或者机构对资金需求的融资渠道。所以这是一个对银行系统和资本市场等融资渠道之外非常好的补充。这是一种让金融体系效率更高，服务更多人群和机构的融资方式。所以总体来说，我们要对这一类产品鼓励、扶持、规范并且逐步将其纳入整个金融体系中，成

为不可或缺的一部分。

更广义地来说，互联网金融产品在中国还是新生事物。在中国，任何一个新生事物刚诞生的时候，在相对的规范、制度还没有完善的情况下，可能会出现一些鱼龙混杂、泥沙俱下的事情，也可能会让部分人员或者机构钻了其中的漏洞。任何一个新兴行业难免会出现这样的过程。但是我们相信，随着时间的推移和国家对互联网金融、P2P产品的规范约束、制度制定、不断完善，P2P必将成为普通老百姓投资理财中不可或缺的金融产品。当然，P2P融资只是在银行的间接融资和资本市场的直接融资之外的一种针对相对底层机构和个人融资需求提供服务的一个补充融资方式，是国家构建多渠道多层次实现社会融资的一项补充，所以，在可见的未来它都不会是我们投资理财的主要渠道。

在目前情况下，我个人建议大家在购买P2P产品时，一定要对购买的产品有明确的了解和认识，并且最好选择一些相对比较成熟，规模较大的P2P公司的产品。

最后，不要一味地追求高收益。就像本文开篇说的，一味地追求高收益往往意味着高风险。永远要记住，风险和收益永远是成正比的。

Q12 为什么不要把“保险”拒之门外

本文的主题是保险，为什么要给大家谈论保险呢？

国务院确定每年的7月8号为全国保险公众宣传日。可以说，国务院没有设定股票宣传日、存款宣传日、基金宣传日，但是唯独设定了一个保险宣传日，这一点可以看出保险和其他任何金融产品不是完全一样的。因为它对于人们的生活不是一种锦上添花、可有可无的事情，而是人生必须具有的东西。

我经常说一句话，“一个人一辈子如果只买一种金融产品，那一定就是保险。如果买两种，那可能再加个基金”。保险在我们生活当中如此之重要，但同时又是一种极其复杂的金融产品。保险的功能非常多，而且其很多功能是隐形的，一般老百姓很难完整地了解保险产品。很多人都买过保险，当我问别人，你买的保险花了多少钱、买了什么东西的时候，没有人能百分之百说清楚。

因此我们绝大多数人买保险都要依赖于保险公司代理人的解释和说明，并且往往最后因为相信这个人而购买保险，并不是真正了解了这个产品。

由于保险行业本身的经营特点、产品的复杂性以及一些历史的原因而导致之前的保险代理人队伍的整体素质没有达到应当具备的专业水平，再加上其自身的定位导致的利益所在，常常会出现有意

无意地误导客户也在所难免。因此，保险产品乃至整个保险行业在民众心目中的形象曾经受到了很大的负面的影响。

但是这几年随着保险行业的不断规范和发展，包括产品的性价比也在不断地提升，大家对保险行业以及保险产品认可度也越来越高。当然这跟我们整个国家的经济和老百姓的生活水平是直接相关的。因为随着生活水平的不断提高，大家在保险上的消费比例就会不断地提高。这是马斯洛人类需求理论决定的一个基本现象，人的需求最低等级是衣食住行等物质的需要，只有物质需要满足了以后，人们才会需要一个更高层次的安全需要。所以越是财务状况比较好的人，对保险的需求应该更大。凡是那些暂时还不富裕的人，在基本温饱还没有解决的时候，其实不应该去买保险。

随着中国整个社会走入全面小康社会，保险也全面地走入了我们的日常的生活。甚至有一个衡量国家富裕程度的指标，不是看人均GDP，更不是看你的房子值多少钱，很重要的一个指标是保险在国民的整个消费当中占了多少比重。这个比重越大，说明富裕程度越高。所以保险对我们的重要性毋庸置疑，这一点也得到了很多人的认可，但是大部分人并不真正了解该怎么买保险。

举个例子，之前有个人找我给他做理财规划。我说，我给你做投资资产配置计划的同时还要给你做一份保险规划。他立刻就很警觉地告诉我，自己已经买了足够多的保险，不需要再做了。在我的一再坚持下，他还是将家庭所买的各种保险拿给我看。我问他买了什么保险，他说我只知道每年要交的保费达到7万多块钱，

精彩音频 即扫即听

但是具体有什么保障？保障额达到多少？什么情况下可以获得这些保障根本就不知道。看完他买的一大堆保单后，我就跟他说你的保险很不完善。他显然是把我当成了忽悠他再买保险的保险代理人，因此大声地抗议说自己一年花了7万块钱买保险，你还说我保障不够？！我只能耐心地对他解释，因为不同的保险产品具有不同的功能，因此保障的完善与否不能简单通过花了多少钱来衡量。就比如说买衣服，一个人一年花10万块钱买衣服到底够不够呢？那你要看他怎么买衣服，如果他10万块钱买的全是上衣或者花10万块钱就买了一件高档的貂皮大衣，你能说他衣服够了吗？相反另一个人，可能一年只花2万块钱就可以把内衣、外衣一年四季的衣服都置齐了。所以保险就像衣服，一个不买保险的人就像在外边天天裸奔一样，你看看是什么感觉？

听了我的这个比喻，他算是明白了，事实上他确实买了很多不必要的保险，而有些必要的保险却没有买。最后我给它重新做了一个调整，他一年的保险支出下降到只有5万多元，但是他家庭的各类保障都已经安排得很全面了。所以买保险首先要了解保险的功能以及自身对保险的需要。现在国家倡导保险回归保障的功能，这是对的。因为保险最本质的功能，就是保障。这个保障包括养老的保障，这一点尤其重要，因为国务院现在明确说人民的养老一定要靠商业保险作为养老保障的主力。

第二，我们医疗救治出现一些大病的时候，常常出现因病致贫的现象。而大病保险可以有效地防止该现象的发生。因为财务的原因导致我们生了病而看不起时，保险在这方面可以给我们提供保障。当然还有意外给家庭带来的各种变化，我们需要通过保险的方式使得这种变化对家庭的财务不会产生重大的影响。如果说投资的

目的是让我们的生活变得更好的话，那么保险它的真正目的是让我们的生活不会变得更坏。

当然，保险行业发展到今天，其产品的功能已经极大地延伸了，而不是单纯的保障。现在的保险产品除了基本的保障功能以外，常常还具备储蓄、投资、节税、财产保全、资产转移、遗产规划……甚至还有一些潜在的、同时消费价值并不低的功能，比如说体现关爱、体现身价、强迫储蓄等。

这里有一个公众人物的例子。王菲和窦唯离婚了以后便独立供养当时只有七岁的女儿窦靖童。为了令女儿在18岁成年以后的生活有绝对的保障，王菲除了关心孩子的教育，给她良好的生活安排以外，还为她购买了保额高达两千多万元的保险。为此王菲每年需要交纳高达200万的保险费，并且持续十年。

尽管我们不知道王菲所买的保险的具体条款，但储蓄型人寿保险的基本特点就是，同时具备寿险保障和储蓄的双重功能。通过每年定投一笔资金到保险账户，若干年以后，保险受益人就可以获得一大笔保险金，该类保险从投资收益的角度来看其实毫无优势。王菲女儿童童在18岁之后获得的保险金的额度跟王菲每年供款的额度累计差不多，但保险的价值并不于此。我们就以这个保险为例来简单分析一下这个保险有一些什么好处。

首先，保险具有强迫储蓄的功能。到缴费的时候，保险代理人就会提醒保险人按期供款，不会遗忘。王菲的赚钱能力毋庸置疑，但作为超级能赚钱的明星，常常也是超级能花钱的主。国外破产的超级明星比比皆是。所以一个人的赚钱能力和其财务状况常常并不呈正比关系。赚来的钱如果放在银行里就会时多时少，留不下来。但投到保险账户里就不一样了，这有点类似把钱放进了储蓄罐里，放进去容易，但平时取不出来，不可以随便乱花，所以保险账户的钱总是越积越多。而且王菲是那种特别有个性、又不太勤奋的明星，常常整年不工作。购买了这个保险就可以在每次供款的时候，提醒和敦促王菲，为了女儿还是要努力工作。这个强迫储蓄的功能往往被别人低估。其实，无论是孩子还是大人，每个人都需要这样的一个储蓄罐。

第二是体现关爱。虽然早前有媒体报道称，王菲不善照顾女儿，将其女儿童童单独留在北京。另外又有媒体报道说，王菲在时装店买5万块钱的春装，但买给童童的服装只值百余元。其实这反映的是王菲消费的随意性，并不能说明她不关爱童童。然而这份保险就封住了悠悠众口，王菲对女儿的关爱之心，即使外人也看得清楚。童童长大以后，不仅能够保证生活无忧，而且更能深切地感受到单亲母亲王菲对她的爱。

第三，可以获得保障。天有不测风云，人有旦夕祸福。如果王菲身体健康的时候，正常情况下，童童不会缺钱。但是万一王菲在童童还没成年之前，出现了意外，童童就会获得相应的保险金，依然能够实现生活无忧。这等于说本来童童唯一的依靠是王菲，有了这份保险了以后，童童又获得了一份额外的备用依靠。

第四个功能就是财产转移。这个保险相当于王菲将自己财产的一部分提前转移给了童童。当时来看这为王菲今后的再婚再育提前做了财务安排，事实上后来王菲也的确又结了婚，生了孩子。而再婚再育之后，王菲的财产属性和继承人都会发生变化，预先拿出一部分财产转移给遭受父母离异之痛的童童不仅是一个保障，也是一种补偿，今后再婚时也不会有财产分配方面的困扰。

第五，财产保全。不要觉得王菲特别能挣钱，她就不会有财务

问题。其实出现财务问题的往往都是那些特别能挣钱的人，普通老百姓要想破产还真不太常见。有了这份保险，万一出现债务问题的话，那么这笔钱也保全了下来。

其实这份保险还有很多其他的隐藏性功能，我不一一分析了。这个例子只是想告诉大家，其实保险的功能非常的多，它唯一相对比较弱的一个功能就是赚钱。所以大家在考虑买什么保险、买不买保险的时候，千万不要从我现在投资多少，以后能赚多少这个角度来看保险，一定要了解保险真正的功能和价值。

【案例】如何避免资产风险：无房单身女性理财指南

本文提到的这个理财案例群体是一个相对比较特殊的类型，就是独身主义者，即不打算结婚的人群。案例的主人公是一位三十几岁的单身女士，目前没有明确的结婚对象或者在未来结婚的打算。当然她也不是一个绝对的独身主义，打定主意未来一定不结婚。但是对她来说，婚姻碰上合适的，结也可以，如果没有合适的，不结也可以，这是她对待婚姻的基本态度。所以她在做未来财务规划的时候，就是以未来不结婚为前提的。

这位女士有着海外留学背景，在一个相对成功的公司担任高管，有着三五十万的年收入。但她现在的结余并不多，大概只有100万左右的金融资产，主要是现金存着，也没做什么投资。因为她工作太忙了，不太懂那些股票，而且多年来也没有买房子。她一直拥有一个观点，就是房子会把人束缚住，在哪买了房子，她的生活就以这个房子为核心来打转了。本来有的各种生活空间、生活方式的选择都没有了，所以她不买房子。

当然在这过去的十几年中，房价不断地上涨对她心理上也带来了一定的冲击。但是因为她的海外留学的背景，她觉得中国的房子还是不理智。最近有些地方提出，未来房子将会租售同权，就是租这个房子和购买这个房子，在未来的就业、社保、教育各个方面是享受同等权利的。而且从法律层面上，对租客给予一定的保障。不能随便把租客赶走是她最欣慰的。

因为在过去十几年的租房经历当中，最大的不便之处就是受到房东的不公正对待。并且在当时的背景下也无可奈何，这让她感到很无奈。现在提出的租售同权，让她更加坚定了目前的这种生活方式。因此她也提出了就以这样一种生活方式为前提来做好自己未来财务规划的想法。

这个案例说起来小众，但是现在一线城市这样的人群数量并不少，而且未来一定会更加的多。这几乎是一种社会的潮流，对此我们无权做好坏、对错的判断。但是无论你选择什么样的生活方式，财务安排一定要跟你选择的这种生活方式相匹配、相适应，并且为之服务。这就是我们反复讲的，理财就是理生活。财务的安排，是为了你日后的生活目标而服务的。

那么，对这样的一个情况，在财务上我们能够给她什么建议呢？首先分析一下这位女士财务的特点：收入高，但总资产不多，当然也没有负债。但是这些收入都是劳动性收入，不是被动性收入。收入虽然高，但是结余也很少。这当然也可以反映出她现在的生活比较潇洒，这也是她为什么很想过目前这样一种生活方式的原因。周末了，坐个飞机就可以到另外一个城市去和朋友吃火锅，这对已经拖家带口的人来说是不可想象的。经常可以享受这样的生活

是这一类生活方式的优点。但她最大的一点问题就是，缺少相对的安全感。

事实上，大部分人一定要买房子，尤其是女性一定要有房子。她要的其实就是一个安全感，这也是住在自己的房子里和住在租的房子里的最大区别。所以我们发现那些对自己比较自信、在职场上比较成功的人往往不买房子，因为他们不需要通过房子来增加自己的安全感。但是对于安全感的需求是人类的基本需求，尤其是满足了基本物质需求之后，人类首先追求的就是安全感的满足。而对于独身和成家买房子的人，我有一个形象的比喻：无论是一个人吃饱全家不饿还是夫妻两个甚至带着孩子，都是一种家庭模式。那么独身的家庭只有一个支柱，就是他自己的劳动收入。如果是结婚了，夫妻两人共同支撑家庭，那相当于这个家庭有了两个支柱。如果结了婚又买了房子，我们可以比喻为这个家庭又加了一个支柱，那么这个家庭就有了三个支柱。最直观的，也可以看到，三个支柱比两个支柱更安全，两个支柱比一个支柱更可靠。所以作为一个独身而且也不买房子的人来说，整个财务最大的问题就是风险比较大。

讲到风险，人们一般首先想到的就是市场风险，“股市有风险，入市需谨慎”。前一阵子网上流行的段子说：“姚明进去，潘长江出来，武松进去，肉松出来。”这就是说，一大笔钱进去，然后本金出现了亏损。除此之外，市场还有第二类风险叫作购买力风险，就是钱可能没少，但是购买力减少了。而影响购买力的有两个因素：一个是汇率，另外一个就是大家熟悉的通货膨胀。

至于第三类风险，对高净值人群尤其重要，就是所有权风险。所谓所有权风险，就是拥有的资产。这是一个法律行为，资产的所有权属于你，你既可以拥有它，也有可能失去它。也就是说，这些资产可能还在，购买力也没减少，但是所有权变成了别人的，跟你没关系了。其实这类风险是最重要的一类风险。

什么情况下会导致所有权的转移呢？那又涉及婚姻了。讲理财之所以一定要了解这个人的家庭婚姻状态是因为结婚本身就是一个所有权重新分配的问题。所以我一直讲结婚不是一个感情的事情，它是一个经济问题。一张结婚证实际上是一个产权证明，如果只是感情问题，比如像郭靖跟黄蓉一样，两个人感情好，在一起就行了。为什么一定要领那张证呢？领的那张证，其实就是一个产权证明，从此以后所有的财产是两个人的共有财产，俩人各占50%的股权。甚至在这之前的财产，如果不做特别说明的话，也都可以放到共有财产里面，这便也成了大家共同持有50%股权。如果有人不想把婚前的财产与对方共有的话，那就必须做一些婚前协议、财产公证等法律操作。

除了婚姻会导致所有权转移，死亡也一定要做所有权的转移。因为我们任何的财产都生不带来，死不带走，走的时候所有权一定要转移。所以在理财上有个重要内容叫作遗产规划。遗产规划就是把人在这个世界上拥有的财产转移到所希望的那个人身上，而不让不相干的人拿走。当然导致所有权转移的原因还有更重要的一条就是法律问题。这当然主要针对高净值人群往往因为一些法律问题而财产被剥夺。

所说的这么多风险，其实都是身外的风险，也就是身外之物所面临的风险。其实我们反复强调的一个概念就是，我们一生最大的财产就是自己，并且这个财产值是可以估算的。有一个基本的估算方式，就是资产价格大约是个人十倍的市盈率。这位女士的年薪是50万，那她这个人的资产的价格就相当于500万元。但是这个资产

是可能被毁坏的。所谓毁坏，就是不再具有赚钱能力了，那当然对她来说，就是身体健康的或者职场竞争力的原因。讲到此处终于可以说明，对于这样一位独身主义的女士，理财最重要的事情是要做好自己这笔最大的资产的保障，如何保护其不至于受损、贬值。或者真的出现受损贬值的时候能够获得一定的补偿来降低对自己生活的影响。

那么有了这些分析，我为这位女士的理财建议提出以下几点。第一，要持续保持职场的竞争力，也就是要持续不断地学习。第二，要有市场的敏锐度，能够跟上社会的变化对职场能力的需求。第三，有一句话叫“身体是革命的本钱”。对于单身人士来说，拥有一个健康的身体就更加重要，所以一定要在自己身体的投资上不惜工本、舍得花钱。或者说白了就是对自己要好一点。

第四，当然不能把所有的鸡蛋放在一个篮子里。除了要保护好自身这个最大的资产以外，也要建立一个身外的资产池子，就是建立一个自己的可以不断增值的投资组合。这位女士现在手上拥有的上百万资产，在大城市来说不算特别有钱，但也是一个不错的资产值了。这笔资产一定要做一个投资组合进行理财，让它不断地增值。增加一个获取收入的来源：建立投资组合获取被动收入！

对于这位在职场上非常忙碌又没有相关投资经验的女士，能给出的建议就像我们之前反复提及的。普通的白领职场人员都是用的这种方式，就是交给专业的机构，让专业人士来管理财产。最常见的就是购买一个基金的组合，比如对她来说，留20万元左右购买一个或者是一组货币基金的组合，作为流动资金。另外80%的资金就做一些相对更长期的投资组合，比如说相对激进一点的股权类的基金配置。

第五，当然还需要给自己加一个保障，就是保险。对她来说，不仅大病险是非常需要，养老险也应该考虑起来。

最后也是最重要的一条，尽管这位女士决定单身并且不买房子，包括今后可能中国慢慢实行的租售同权等等这样的一些事情。但是我仍然建议她在恰当的时候，可以考虑拥有一套房子。什么是恰当的时候呢？要符合两个前提条件，第一，房产的价格相对于她的收入来说不是一个高不可攀的数字。第二，她对自己未来想在哪儿生活、对哪一种生活方式更喜欢更享受已经越来越清晰的时候，就可以决定下来了。

前文分析过买房最大的弊端就是限制了生活方式的选择，如果你对未来想要的东西已经有非常清晰的想法，这个时候就可以、也应该做出选择了。关于买房，最后我还是要说，人到底是否要结婚这件事情本身没有对错之分，这往往只是一个人在一定时间点的想法。**随着生活的变化，人对生活的态度也会随之改变，不要把自己限定在一个既定的框架里面，生活一切皆有可能。买房子这件事情也是如此。**

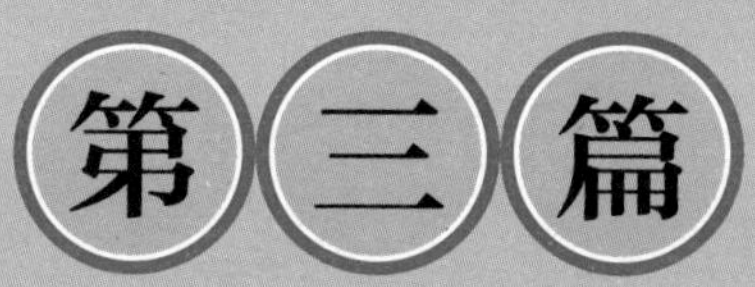

第三篇

家庭常见理财困境

Chapter 6 家庭投资配置

Q1 家庭做投资，千万保证现金流到底有多重要？

最近在网上，有一篇名为《2017年中国新锐中产调查报告》的报告，该报告将年收入10万元到50万元的人群定义为“新锐中产阶级”。报告显示，这些新锐中产阶级将他们60%的钱都拿来还房贷了。房子基本成为这些人家庭资产中最大的一部分资产，甚至有些家庭一有闲钱，就立刻拿去买房子。

那么，对于一个普通的三口之家来说，家庭资产配置到底应该是怎么样的呢？这里首先给大家理清“中产阶级”的概念。这几年媒体一直在炒作，声称中国有多少中产阶级了，也有各种对于中产阶级收入的判断标准。其实这都走入了一个误区，中产并不是一个以收入来衡量的概念。从字面来看，它是一个资产的概念，你有多少资产决定了你是不是中产。而不是由你的劳动型收入的多少来衡量你是否为中产。

当然从本质上来说，中产实际上是一个生活状态的概念。比如

说有两个人，一个是外地到上海来工作的年轻人，年收入为20万元。还有一个是上海本地的小姑娘，在单位里做的是一般的工作，年收入为12万元。虽然两人的年薪差距较大，但是你会发现，他们两人的生活状态是完全不一样的。那个上海本地的小姑娘因为自己的家乡就在这，手里还有几套房子，所以她的生活过得非常放松，购买力和消费力远远超过那些年收入20万元的所谓的中产。

所以衡量中产的标准，首先是要考虑他的资产状况；第二点也很重要，那就是他的生活状态。第一，他的财务是独立的。第二，他的消费水平能够达到这个社会的主流消费水平。第三，他应该具备自信、有尊严的独立人格，并且拥有社会所需要的知识和技能，能够让他在社会上体现个人价值。这三点加起来便是一个中产阶级应该具有的生活状态。那么，对于一个处于中产阶级状态的人，他应该如何设计他的资产配置和投资组合呢？

讲到资产，我们都说资产有“三性”：安全性、收益性和流动性。你认为这三性哪一性最重要呢？我经常用这样的一个问题来看看测试对象他的投资理财处于哪一个水平。如果你认为这三性里面，收益性最重要的话，那我认为你基本上还处于初级水平。当然，有些人认为安全性是最重要的。而且他们还常常引经据典地说巴菲特就曾经说过这样一句话：“投资第一重要的是安全，第二重要的是安全，第三重要的还是安全。”但他们并没有意识到，巴菲特这句话是跟普通人说的。所以，认为安全是第一位的人其投资水平大约处于中级阶段。真正专业的投资高手一定是把流动性放

精彩音频 即扫即听

在最重要的位置。所以在谈及家庭资产配置的时候，资产的流动性是一个常常被忽视的，但其实极其重要的方面。

前一段时间，有一个刷爆朋友圈的例子。今年34岁的小张，是深圳华为公司的员工。他在被辞退之前月收入是3万多元，还有奖金。他的媳妇是全职太太。家里刚贷款买了300多万元的房子，而且把之前的一套100多万元的房子做了抵押。这两套房子加起来每个月还贷25 000多块钱。当小张被辞退以后，现金流就断了，整个家庭立刻陷入了财务危机。

回过头来再看看小张的状况，当时他的家庭的净资产有将近200万元。除此之外，小张离开了华为以后，虽然找不到那么高工资的工作，但是找个月薪2万块钱的工作是完全没有问题的。按照通常的标准来衡量，小张是典型的中产阶级，既有资产，又有良好的收入，为什么他会陷入财务危机呢？其实这个核心的问题就在于，他的家庭资产中缺乏流动性资产，经济来源一出现问题，债务问题就立刻突显出来了。

在我过去的理财实践中碰到大量忽视家庭资产流动性的例子。而犯这样错误的人常常是理财意识非常强的、财富增长很快的人，这类人最大的问题是把家庭财务绷得太紧，家庭或者市场出现一点变故，就会给自己从财务上到精神上带来冲击，对这样的家庭我常常的建议是卖出一些资产，特别是固定资产，如房产、企业等，增加家庭资产中金融资产特别是现金的比重，降低债务比例。事实上，现在回过头来看，当初卖出房产肯定价格比现在的市价要低很多。

但是不管是当时，还是现在，我一直认为这是一个非常正确的决策。因为当卖了一套房子之后，不仅财务状况大为改善、家庭资产的流动性风险大幅度降低、债务风险大幅度降低，而且因为手上有足够的流动资金了，能够支持他在自己的进修上、生活安排上、未来的事业发展上有更多的可能性和腾挪空间，使其在未来的岁月中获得极大的提升，这才是真正理财的意义所在。

抛去生活状态不说，从财务本身的角度来说，资产的流动性也是至关重要的。比如之前香港的房地产市场出现过好几次大跌，有些人买了房子以后，因为房价的大跌导致整个家庭资产成了负资产。一个家庭怎么会成为负资产的呢？道理其实很简单，比如说一套房子当初是1 000万元，他首付200万元，找银行贷了800万元。结果刚买了房子，房价一下跌到700万元了。这个时候你会发现，实际上他欠银行还是800万元，他的房子资产只有700万元，如果他不再有其他资产了，他的整个资产就成了负资产，这是一个很大的问题。但更重要的是他有没有足够的流动资产来按期还银行的按揭。如果他能有足够的流动资产，比如说他留下足够多的现金了，或者说他有很好的一份工作能够每个月按时还银行贷款的话，负资产是没有问题的。银行也不会去收他的房子，因为银行关心的是你是否还有能力还钱。所以，他只要有足够的流动资产，他就能够渡过这个难关，可能未来房价还会回升，再创新高。而他的生活还在继续，只是财务上有一个波动，并没有本质的影响。相反，如果你没有足够的现金，家庭资产流动性不够的话，哪怕你的总资产还是正资产，正如前面小张的例子，他的财务也会立刻陷入危机。甚至如果他不能按期还银行按揭贷款的话，银行可能会收他的房子。而当房子被收走后，他不仅再也没有回本的机会，而且更重要的是他在银行留下了一个失信的案底，也就是信用破产。

一个现代社会的人信用破产其实是非常恐怖的，因为你一旦信用破产，你在整个社会的立足都会变得非常困难。因为我们立足于当今社会，几乎离不开银行体系、金融体系，你一旦有了信用破产的记录，那么整个金融体系就与你隔绝了。甚至今后找工作，比如一个相对高端的工作，他不仅要调查你过去的工作经历，也要调查你个人信用的状况。

一个有信用破产记录的人，不仅今后不能够再使用现代金融体系的服务，而且你在工作生活的各个方面都会受到巨大的影响，这样就会延伸出更严重的问题。之前，深圳的房地产市场也出现过下跌，这里就有一个鲜活的案例。有个人找银行贷款买了一套房子，后来房价大跌，已经跌到了他找银行贷款的借款额额度了。也就是说，这时候他弃房的话，从财务上来看，他是合算的。但是对弃房这件事情，我是绝对不赞成的。因为你弃房这一行为，不仅意味着失去未来翻本的机会，也意味着你失去了你的个人信用，你的生活将完全被打乱。所以，要保证你个人信用的安全，破产是绝对不可以接受的。这也是为什么强调家庭资产的流动性应该放在家庭资产配置的首位的原因。

Q2 怎样做好家庭资产配置？

讲到理财，其实理财涵盖的内容很广，但在所有内容当中一个最核心的内容就是资产配置。所谓资产配置，通俗地来讲就是我现

有的这些财富该放到什么地方、各个地方放多少、占多少比例等等诸如此类的问题。

关于资产配置，其实有各种各样的一些说法。比如“金字塔配置法”，指的就是上层高风险的部分少配置一点，底层基础的部分多配置一点。另外，还有最常见的“足球队配置法”，指的是利用各种阵型来进行资产配置。比如“433阵型”，就是说40%的资产是防守型的，30%是稳健型的，30%是激进型的。再比如“442阵型”，那就是说20%的资产是激进型的，40%是防守型的，40%是稳健型的。此外，还有有人认为，足球队既然由11个人组成的，那其中必有一个是守门员。守门员就好比我们的保险，是最重要的一个。

这些都是从不同的角度进行资产配置的一些方法。但是在我的理财观念中，这所有的方法都是没有意义的。因为你的理财方法，关键取决于你的“天”，也就是你所处的整个宏观经济环境和你的个人状况。每个人所处的生命周期、生活状态、家庭结构，以及所拥有的心理特征、理财目标等等都是不一样的。抛开这些影响因素来谈“433阵型”好，还是“244阵型”好，都是毫无意义的。

还有一类人，将资产配置视为是把资产按照金融产品来进行划分，比如说多少钱用来买房子、多少钱用来买股票、多少钱用来买保险……这样的划分同样也是毫无意义的。房子分为自己住的房子、用来出租的房子、用来投机的房子等等，尽管这些都是房子，但其中包含的概念是完全不同的。同样是股票，因为投

精彩音频　即扫即听

资方式的不同也大相径庭，有些可以是很激进的，有些可以是很保守的。而同样是保险，有些也可以被视为比较激进的投资，有些完全就是一个保障。所以说，怎么能够简单地用不同金融产品来进行资产配置呢？何况我们现有的金融产品种类实在是太多了，不光有存款、银行理财产品，还有信托、债券、企业债、金融债、P2P、股票、基金，甚至公募、私募等等。如此令人眼花缭乱的种类，大大增加了资产配置的难度。而你如果各项都配一点，恰恰可能是最糟糕的一种方式。

事实上在过去的十几年当中，把绝大部分资产配置在房子上，可能对大部分人来说都是最正确的方法。因为这是受到了整个社会大势的影响。前文提到的这些资产配置，讲的都是投资资产的配置。事实上，在谈及一个人家庭资产配置的时候，首先应该考虑的是：你把多少钱作为使用资产？多少钱作为保障资产？剩下的部分，才是投资资产。也就是说，资产配置首先要把你的总资产分为使用资产、保障资产和投资资产这三个部分，配好各自的比例，然后再来解决投资资产具体怎么配的问题。

关于这三个概念，我稍微解释一下。所谓使用资产，就是你自己使用的资产，比说你自己住的房子、你开的车子、你家里的红木家具等等。第二类保障资产，就是保障你的生活不因为一些变故而发生重大的改变。比如说应急金、养老金、保险等等。其中应急金也就是当你临时需要用钱时，你能够立即拿出来用的钱。或者是当你收入中断的时候，这笔钱能帮助应对日常生活，使你不会手头缺钱、立刻会陷入经济危机。所以，应急金对所有人来说都必不可少的。

其他养老金和保险等保障类资产，就是应对生活中最大的三块

支出需要储备的资金，包括孩子的教育金、自己的医疗保险、意外保险和养老保险等。这些资产并不是为了赚钱，而是为了应对生活当中必不可少的重大事件而准备的。

那么除去上述两种资产，剩下的就是投资资产了。这些资产不是为了使用，也不是为了保障，而是为了赚更多的钱。

那么使用资产、保障资产和投资资产该怎么安排呢？三种资产配置的比例并不重要，重要的是优先顺序。对于年轻人来说，应该优先考虑使用资产。当然在考虑使用资产的时候，保障资产当中的应急金也要优先考虑。在使用资产初步安排好之后，随着年龄的增长，逐渐增加投资资产。到了中年之后，随着年龄的增长，用于孩子教育、医疗养老等这些保障资产的比例也要逐渐提高。

所以不同年龄段的人群有不同的配置优先顺序。比如说一个小伙子谈了女朋友，也见了双方家长，彼此都很满意。但是女朋友的母亲跟小伙子说，你要娶我的女儿，你必须买房子。而这时候的房价对于这个小伙子来说，他可能得把之前所有的积蓄再加上父母的资助才刚刚能付首付，那他该不该买呢？有些投资专家们可能会说，现在房子泡沫已经很厉害了，不要买房子了。而有些理财专家可能会说，要做资产配置，你不能把所有的钱都拿去买房子。上述两种答案我都不认可，我的建议很简单，赶快去买房子，把你喜欢的姑娘娶回家，这才是最重要的。至于房价未来是涨还是跌，你的资产配置都在房子上而导致资产的流动性不足等这些问题都不重要。因为现在对你来说，成家是最重要的，你的钱能够帮你娶到心爱的姑娘回家，这个钱就用对了地方了。至于资产配置、投资组合、市场趋势等那都是下一步投资的时候再关心的问题。

其实这个问题回到了我们之前反复讲的：理财就是理生活。只有生活安排好了，财务才能安排好。生活优先，也就意味着整个资产配置当中，使用资产优先安排。

这件事说起来简单，但周围还是有很多很多人在这个本质的问题上犯错误。我认识一个人，是从外地来到上海的。当初他在外地做得很成功，炒股票赚了上百万，然后带着这些钱来到上海发展，也找了份工作。在2000年前后，这100万元拿出一半来，就可以买非常好的一套房子了，但是他没有买。他说我要打拼事业，通过这些钱来生钱，所以他把所有的钱都拿去投资了，暗自发誓：事业不成功，不成家。经过他十几年辛苦地工作、努力地投资，之前的一百多万元真的变成好几百万了，所以两年前终于准备结婚了。结婚的时候就考虑到买房子，而这么多年打拼攒到的钱也仅仅只够买一套房子。可能大家会说，这个例子正好赶上了房价大涨，如果房价大跌，那可能结果会完全不一样。其实结果并没有不一样，我想强调的一点就是，理财的目的不是财富的增长，而是你整个一生生命满足感的最大化。从这点出发，你就知道你该怎么理财了。你的生命满足感提高了，反过来又作用于你的财务，这是一个良性循环。

以前面这个例子为例，当初他拿出一半的钱给自己买了一套房子，改善了自己的生活。那么试想，当一个人生活稳定，心态积极，对未来充满期望，他能挣不到钱吗？他的工作会出现问题吗？他的生活与理财，自然就好了。至于说之后房价是涨，还是跌，只是一个附带性的结果罢了。

【案例】广州422家庭如何设计理财方案？

这里跟大家分享的案例是一位王女士的理财问题。王女士的家庭情况是这样的：她目前在广州生活，夫妻俩带2个孩子，一个孩子十岁，一个两岁，是一个非常幸福的四口之家。王女士原来是一名中学老师，为了生第二个孩子，她毅然辞职，生了第二个孩子。现在，夫妻两个一起经营自家的小企业，这家企业也经营得不错，每年的利润大约200万元。

她的家庭资产状况是这样的：他们现在在广州有3套房子，面积都不大。一套大概一百平方米左右，他们自己住，大约值500万元，另外2套是面积只有四五十平方米的小房子，总值也有500万元左右，每年的租金大约8万块钱。另外，今年他们贷了100万元的款在自己老家又买了2套新房子，每年的还贷额度大约也是8万块钱左右，这是他们的房产资产的情况。

金融资产有60万元现金，因为公司经营必须保持足够的现金。另外还有250万元左右的银行理财产品以及20多万元的基金。这个基金是他们之前每个月定投1500元，现在积累到20万元的。之前，他们还投了50万元给一个初创型公司，算是天使投资。

夫妻俩的父母都健在，也都到了颐养天年的时候，但是他们基本上都没有社保。除了王女士本人和她的父亲有社保以外，其他家族成员都没有社保，也没有商业保险。他们夫妻俩只各买了一份重大疾病险，但四个老人都没买过。以上是这个家庭的基本情况。

对于未来，王女士也提出了她的理财目标，共有三个。

第一，她希望双方父母在退休的时候，能够给父母每人50万元，让他们能够过一个相对宽裕的老年生活。他们之所以今年又在老家买了2套房子，也是希望以后这两套房子租出去的租金可以补贴老人们日常的养老开支。

第二，她希望自己和老公在50岁的时候，能够有50万元的旅游资金。在60岁退休的时候，两个人能够过上一个稳定有保障的退休生活，因此他们希望能存够800万元。

第三，她希望两个孩子在20岁上大学的时候，能够给他们每人70万的教育资金。在孩子30岁的时候，给他们每人100万元的创业资金。

这就是王女士提出的三个理财目标。

当我看完王女士提出的这三个目标之后，我觉得非常好，值得好好地分析。我经常说这么一句话："一个好的理财目标，决定了你理财成功一半以上的内容。"或者倒过来说，一个人未来财务能够达到什么样的状态，基本上可以由他提出的财务目标初步决定下来了。

王女士这个目标为什么提得好？跟大家分析以下几点。第一，她提出的三个目标全是关于家人生活安排的事情，恰恰符合了我们反复强调的"理财就是理生活"，你不清楚你想过什么生活，你的财务也就不知道该怎么安排。第二，她对家里人的理财目标排了一个先后顺序，第一是父母，第二是自己，第三是孩子，层次分明，十分正确。这一点尤其难得。第三，他们理财目标的安排在细节上也非常好。比如说她要给他们的父母每人50万元，让他们老有所养，这样的安排远好于把父母接过来和自己一起生活。很多人经常会说，我一定要保证父母养老无忧等等这些听起来非常虚的承诺，但并没有真正从父母的需求和愿望的角度出发，做一些实际的安

排。作为子女，当自己具备一定的物质条件以后，给父母一定的资金，让父母能够在财务上比较宽裕地按照自己的意愿来安排退休养老生活，这是大孝之人应做之事。

再来看看她对孩子的安排。孩子上大学的时候，每人安排70万元教育资金。30岁的时候，每人安排100万元的创业资金。这也是一个非常好的计划和安排。我常常听到一些关于孩子未来的安排，比如说我要保证孩子读到研究生毕业、让他出国留学，我要给孩子准备好一个婚房，诸如此类的计划。其实我并不太赞成这样的做法，因为这其实严重地干涉了孩子对自己生活的选择。你希望他读到硕士，可是他愿意吗？你给他买了婚房，就要求他一定要结婚，他愿意吗？况且既然买了婚房，通常地点也决定了，一定要在你指定的这个城市结婚，考虑过孩子的感受吗？毕竟孩子在18岁以后就是独立的个体了。作为父母，在孩子经济薄弱的时候，给予他一定的支持，当然应该，也完全可以，但是不要代替孩子做他的人生规划。王女士的安排就十分明智，当孩子20岁的时候，给他70万元，帮助他们完成自己的教育。可能她的孩子非常能干，上学都有奖学金，这70万元就可以留着不用。也可能她的孩子根本就不愿意读书，那么他可以用这70万元参加一些技能培训，获得一技之长，也是可以的。谁规定孩子必须读硕士，才叫成功？至于30岁的时候给孩子100万元创业基金，其实也不是逼着孩子一定要去创业。你可以拿着100万元娶媳妇，也可以拿着100万元自己办公司，或者踏踏实实找一份工作，把这100万元作为一个投资的启动资金，完成自己未来家庭财富积累的起点，这都是可以的。

从王女士自己辞职生孩子，到对父母的孝顺安排以及未来子女的一些计划，总体上来说，她的人生观、价值观、生活态度各方面都非常积极，而且安排得也十分合理。夫妻俩现在三十几岁，50岁之前可能两个人都比较辛苦，也没太多时间旅游，希望在50岁之后，把工作节奏放慢下来，能够经常去旅游。到60岁以后，就可以彻底休息了。从这里可以看到他们对自己的人生有非常清晰的规划和安排。

当然，他们在财务安排上也是有一点问题的，比如理财目标在具体财务数字上是有所欠缺的。她给孩子30岁的时候留100万元创业基金似乎少了一点。他们自己50岁的时候，希望有50万元旅游资金，同样也太少了。我觉得最少加个零，准备500万元下半辈子旅游休闲的资金。而养老金要800万元，这个数字不是不能达到，而是要远远地超过才行。事实上，他们也可以很轻松做到。王女士现在大概三十五六岁，到50岁还有15年的时间。目前他们企业一年的净利润是200多万元，假如未来的15年能够保持这个净利润（这其实是一个比较保守的估计），扣除日常生活开销的钱，这里也抛开他们未来房产增值的钱。这样下来，她到50岁退休的时候，家庭资产应该能在5 000万元以上，这还没有算她自己企业本身的价值，以及她还做了一个风投可能带来的未来收益。所以如果按照目前的境况，到50岁左右的时候，他们资产在5 000万元这个水平绝对是保守估计。这其中包涵了他们安排父母的退休生活、孩子未来教育创业等资金，拿出500万元作为他们下半辈子的旅游资金，完全没有问题。

当然在这个家庭的理财规划当中，有几个细节问题值得分析一下。第一，王女士很担心他们家里大部分人都没有社保而带来日后的保障问题，其实这个担心是完全没有必要的。现在有相当一部分年轻人特别关心社保这件事情。有些年轻人担忧自己的这个工作有

没有社保？应该如何得到社保？社保应该是怎么样的标准？我常说，如果一个年轻人天天把心思放在社保这件事情上的话，那我觉得这个年轻人不会有出息。因为社保说白了就是社会保障系统，是社会给你基本的保障，对越穷困的人越有意义。对于中产阶级来说，其实社保的价值已经大幅度减小，对于成功人士完全是可有可无的。一个年轻人不应该天天想着社会如何给他一个保障，而应该想的是如何对社会做出应有的贡献，给别人以保障才对。如果天天想着社会能给我怎样的保障的话，这个人已经把自己定位在社会的中下层了，他今后也很难获得成功。

试想一下，当王女士50岁时，她的资产在5 000万元水平的时候，有无社保对她有什么影响呢？此外，王女士目前的金融投资绝大部分都是偏保守的。银行理财产品拥有250万元左右，基金只拥有20万元左右，这个比例要进行适当地调整，可以加大定投基金的额度。一个月的定投不应该是1500元，而至少要增加20倍，到30 000元左右才对。除此之外，他们的商业保险安排得少了点，除了大病险以外，夫妻俩可以适当再安排一些意外险和寿险。至于房子，既然已经买了，那就不去动它。如果没买的话，我并不建议他在老家山东的一个县城里买房子，除非这个房子是给他父母居住。因为我不认为他未来买的这个房子的租金能够收到多高，租金的回报在小县城预计会非常低。比如说，她现在在广州500万元的房子，一年的租金收入只有8万块钱，收益率差不多是1.6%，而她老家的那个房子甚至这个比例都不能达到。所以通过买房子来获得租金收入，以此作为稳定的收入来源的话，在目前情况下并不合算。

当然所有的这些都是一些细节问题，最重要的是王女士他们对自己的生活、事业、工作的安排非常好。比如说，他们年纪轻轻到广州来打拼、自己创业等等。这些事情都决定了这个家庭未来一定是一个成功的家庭，他们未来的财务状况一定不会差。他们的生活、生命一定是丰满和自由的。祝福他们！

【案例】40不惑，处于成长期的高目标家庭怎么理财？

本文要给大家讲一个案例，这个案例中的家庭处在家庭的成长期，这个阶段也是理财最重要的阶段。原因有两点：第一，处在这个阶段的家庭通常已经有了一定的财务基础；第二，这个阶段整个家庭比较稳定，未来的生活目标也比较清晰了。这时候理财能够找到精确的目标，也有很多财务资源确实需要很好地打理。

这个家庭生活在中国的一个二线城市。夫妻俩目前的年纪将近40岁，有两个儿子，哥哥上初二，弟弟上小学三年级。他们的资产状况也很简单，前前后后买了3套房子，一套价值300万元的房子自己住，另一套价值280万元的房子用来出租，一年的租金为75 000元，第三套是期房，刚买不久，为这房子还贷了不少款，现在每个月需要还13 000元的贷款。当然他们夫妻俩的工作都有公积金，每个月可以还掉4 000块钱，另外还贷的钱需要从工资里面支出9 000元。夫妻俩的工资加在一起并不高，大概每月15 000元的样子。除去还贷的钱，每个月到手只剩下6 000块钱了。整个房贷大约还需要15年。让我觉得有意思的是他们的理财目标。这位太太非常喜欢看理财书籍，对财务书里的“财务自由”这个概念特别向往。她一直在想，我怎么才能实现财务自由呢？这位女士自己在外

资企业工作，工作压力很大，还要再干20多年到60岁的时候才能退休。她希望自己能早一点退休，比如说50岁就退休。尽量早点退休，实现财务自由。因此他们给自己定的目标就是：10年之后就能够“乐退”。所谓“乐退”，就是早点退休，财务自由，享受快乐生活。她认为至少在3年之内，他们的存款要达到1 000万。10年之内，他们的资产要达到一个亿，这样才能实现财务自由。

当然，她的先生认为她这个想法很可笑，这根本就是不可能的痴心妄想，不如老老实实干活。活到老，干到老。况且为了两个儿子，更不能指望提前退休了。但她仍然抱着这样的一个向往，希望能够提前退休，至少提前10年。到50岁的时候退休的话，才能在自己身体还很好的时候，好好地去享受人生。那么她的这个目标可以实现吗？

首先，我们来分析一下，她现在只有120万元存款，而且她现在的工资收入也不高。因为四口之家一个月的收入为6 000块钱，即使在一个二线城市也不算宽裕。所以她未来的财富增值主要靠现在的存量资金来不断增值，或者靠未来再多赚钱。但是，除非他们夫妻两个有一人能够实现职场的大幅提升，比如她老公从部门经理当上了总经理，工资从20万元一下子到了100万元，才有可能达到这样的理财目标。但目前来看，并没有升职这个迹象。所以以两人的工资收入想实现财富的大幅飞跃，目前是不太可能的。那么，就得靠存量资金来进行财富的增值。现在他们的存量资金是120万元，要在3年之内达到1 000万元，10年之内达到一个亿，坦白地说，这个难度是非常大的，甚至按照正常的途径是根本不可能的。按照他们目前的做法，把这120万元放在银行里存着，3年以后150

万元都达不到，更不要说1 000万元了。至于10年之内资产达到一个亿，那更不可能了。除非她现在的几套房子就像过去的十年那样，涨十几倍，不过目前来看，房地产市场未来不可能复制过去十几年的走势了，所以房价因素忽略不计。

但她的这个目标和理想是不是绝对实现不了呢？那也不是的。我们先对这个家庭目前的资产状况做个简单的分析。这个家庭的资产大部分是房子，一套房子300万元，一套280万元，一套220万元，总共值800万元。她的金融资产只有存款120万元。现在这800万元的房子，有300万元自己住，就暂时不考虑，因为肯定得住。另外一套280万元的房子，现在的租金是7.5万元一年，虽然收益率只有2%，不到3%，但是在目前中国房地产租金回报的大行情下还算是可以的，所以我建议这套房子可以留着。第三套最近刚买的房子，因为还没拿到手，也无法出租，而且拿到手后的租金多少我们也不知道。一般情况下，可能不会比她前一套房子的租金回报高。所以我建议她，这三套房子要卖出一套。但是，不是卖第三套房子，因为这第三套房子如果卖的话，就必须把贷款先还掉。贷款一还掉，真正能拿到手的钱大概也只有七八十万。所以我的建议是，期房拿到手，旧房卖掉。如果地理位置上合适的话，她可以自己搬到这个新房子里住，然后把之前自己住的这个价值300万元的房子卖掉。这套房子是没有贷款的，卖掉300万元就可以拿到手300万元。这样她手上可以用于投资的资金，就从现在的120万元变成了420万元。

这420万元的资金，要想三年之内变成1 000万元，其实也是不容易的。但至少是那句话，放在银行里存着肯定不行。买银行理财产品也不行，因为普通的理财产品只有10%的收益，3年下来也就

是30%。事实上，如果她现在的420万元，不说变成1 000万元，就是3年翻一番的话，每年的投资收益率要达到24%，做什么才能达到这么高的收益率呢?

固定收益产品肯定不行，只有投资非固定收益产品才行。非固定收益产品现在主要是在资本市场、股票市场。但是理论上讲，在这个市场要实现24%的收益率，不是说不可以，但是要实现的话，要冒着很大的风险。你买个基金，如果这个基金的表现好，完全可以实现24%的收益率，有很多基金的年收益率远远超过这个数字。如果达不到24%的收益率，我仍然建议她将自己的可投资资产增加到420万元，然后投资非固定收益产品，这样24%的年化收益是有可能实现的。不过这当然要承担一定的风险，面临着投资失败的可能。

那第二种可以实现相对高收益的方法，就是做实业投资。利用手上的一部分资金以及自己的业余时间，因为他们夫妻俩的工资现在并不算高，在企业里面工作压力又大，如果有很好的项目完全可以自己创业。

总之，在讲投资收益的时候，如果想实现资金快速增值的话，固定收益肯定是无法实现的。你不可能投在什么地方，人家保证给你回报24%的收益。如果真的有人保证给你回报24%的收益，那这个人一定是骗子，或者你这个投资的本金是极为不安全的。

那么，非固定收益投资有没有可能实现24%的收益率呢？当然是可以的。刚才说的资本市场，包括做实业投资都是可以实现的，甚至远远超过24%的收益率。当然这两类投资都是有风险的，可能成功，也可能失败。失败的结果不仅是赚不到钱，甚至你的本金都会大大损失。如果真的在3年可以实现资本翻番的话，她只要坚持

12年，翻四番，那么她现在可投资的400多万元翻四番，也就成了七八千万的资金了。再加上现有的房子这部分资产还会有一定的增值，总资产也接近一个亿了。

所以，她提出的目标，乍一听似乎高不可攀、遥不可及，但是如果把它分解了以后，并非不可能实现。但是我也确实要提醒，为了实现这个目标，需要承担的风险相当大。比如说做股票这件事情，她是不是很擅长做金融投资？按照她过去的经验来看，似乎她并不擅长。而如果做实业投资的话，那风险就更大了。因为这不仅涉及资金的投入，还涉及精力的投入，包括一些机遇的问题。

当然，除了刚才讲的股票投资和实业投资以外，还有没有其他方式能够实现财富的快速增值呢？其实也还有，但这要挖掘自身的潜力。比如说通过知识产权来增值，搞一些发明、写一些书籍……这些事情业余时间都可以干，不影响自己的本职工作的，但是成功的机会并不大，可以说非常小。或者自己不做实业投资，但可以做天使投资。在别人刚创业的时候，你投个50万元、100万元，占一定的股份。如果眼光独到、精准，这个公司很快做大上市了，那么当然就可以实现这样的一个财富梦想。

总的来说，这个案例我并没有给出非常具体的方案。但是我想说的是，这个家庭的女主人翁的财富梦想并非遥不可及、完全不可实现的。当然，我也提醒一下这位女士，在你追求财富快速增长的时候，是否能够承受同样的高风险？一定要记住，资本的高收益，伴随的一定是高风险。一旦投资失败，不仅财富不能增值，甚至现有的资本也会缩水，这个是需要权衡考虑的，夫妻两个一定要达成共识。在投资理财过程中，如果双方不能够达成共识的话，将会出

现很多家庭内部的矛盾，那样就得不偿失了。

总体上来看，我个人建议，如果不考虑个人是否拥有一些特殊的天赋，或者是一定要实现这样一个比较宏大的目标的情况下，从一个普通家庭的角度来看，适当地把自己的目标放低一点。比如说到50岁的时候，不期望有1亿元，其实手上有个3 000万元的金融资产，也已经可以过得潇潇洒洒了。

如果把目标适度地放低一点，用我刚才的方法卖出一套现在的房子来增加手上的可投资资产，那么在十几年以后实现3 000万元的可投资资产，既安全可靠又能够实现自己的生活目标。比如那个时候，妻子不想工作就可以不工作了，而且有足够的资金去享受人生，这就已经非常好了。

最后，这个案例我想告诉大家的是，在人类发明的伟大的金融工具面前，没有什么是不可能的。但是投资的风险和收益永远是成正比的。在你想着收获高收益的同时，一定要想着，我这样的付出值不值得？我这样的风险能不能够承受？

Chapter 7 家庭理财风险防控

Q3 教育投资到底值不值？

我一个邻居，他有一个儿子，是独生子女。他的儿子前几年结婚了，娶的女孩子也是独生子女。现在小夫妻俩有了自己的孩子，孩子现在刚刚5岁，正在上幼儿园。每个周末的早晨，我都可以听到从邻居家传来练习琴的声音。有一次我们在院里碰到，就谈到了孩子教育的问题。夫妻俩也很无奈，刚刚5岁的孩子一天的日程被排得满满的。除了要上幼儿园，还要在外面的培训机构学习弹琴和英语。不仅孩子失去了大量玩耍的课余时间，投在孩子教育上的钱也特别多，上幼儿园、学英语、学钢琴的开支加在一起一年得六七万块钱。当然抱怨归抱怨，说到最后，他们又补充了一句：“再苦也不能苦孩子，再穷也不能穷教育啊！总不能让孩子输在起跑线上吧！”

“再苦也不能苦孩子，再穷也不能穷教育以及不能让孩子输在起跑线上。”这是几乎所有的家长在对待孩子教育问题时持有的基

本观念。

“再苦也不能苦孩子”之前在讲到关于消费内容的时候，我曾批判过这个观点，认为这样一种消费方式对孩子的成长是极为不利的。然后我们再来谈谈“再穷也不能穷教育”这句话。如果对一个国家来说，这句话绝对是正确的。一个有远见的国家，一定要把更多的资源投在教育领域。但是对于一个家庭来说，这是不对的了。毫无疑问，孩子的教育是极其重要的，但是应该给孩子什么样的教育？砸钱进去并不意味着就是好的教育。

周星驰拍过一部电影叫《长江7号》，在影片里周星驰扮演的是父亲的角色。他是城市里的一个民工，为了培养自己的孩子，他花了血本把孩子送到贵族学校去读书。其中有一个桥段是，孩子上体育课，老师要求穿运动鞋。但是作为收入微薄的民工，他实在没有能力给孩子买新的运动鞋，于是孩子只能穿着捡来的破运动鞋去上课。老师说鞋子不合格，惩罚他一个人在边上罚站，而其他孩子都在球场上开开心心地踢球。

这部电影中的这个小孩，心态是非常阳光的。虽然家境远比不上其他同学，但他热心地帮助大家一起进步。但是，电影归电影，在现实生活当中，试想一个十来岁的孩子就连最基本的玩具、文具、运动鞋这样的一些东西，都不能和其他同学一样拥有，他能不自卑吗？他能够健康快乐地成长吗？这几乎是不可能的。

精彩音频　即扫即听

还有另外一些例子，父母是企业家，家境富裕，但是对孩子的要求非常严格，甚至到了苛刻的地步，一定要孩子从小吃苦，尤其是对男孩子。正如民间流传的一句话“男孩子要穷养，女孩子才是富养。”

从这些例子我们都可以看到，当碰到孩子教育问题的时候，家长们就变得不那么淡定了，不能以一颗平常心对待孩子的教育和成长。尤其在当下的中国，家长们普遍给孩子提供超出其自身家庭经济能力的教育培养，使得现在一个有孩子的家庭，家庭支出当中教育支出占了相当大的部分。

所谓的“再穷也不能穷教育”，这样做的危害在哪里呢？

首先，把过多的资源集中在孩子身上，其实是在无形之中给了孩子巨大的压力。甚至有些家长还经常把这样的付出挂在口头上，类似于“你看爸爸妈妈放弃了这个，放弃了那个，让你去读书，你还不好好读！”在这样的压力下，孩子能够学好吗？

第二，给孩子上那些超出你家庭经济能力的贵族学校、私立学校，报一个很贵的班，那么在这样的班级里，你的孩子在很多方面和他的同学比起来必然有一些落差，因为你整体的经济能力达不到这个水平。而这样的落差对孩子的心理影响是极其巨大的，由此产生的副作用远超过这个班级给他的成长带来的正能量。其实很多家长对此也真的很无奈，但为什么还要这么做呢？因为他们被一句话害了，“千万不能让孩子输在起跑线上”。我认为这句话是在孩子教育当中最坏的一句话。当你天天跟孩子说“千万不能输在起跑线上”的时候，其实你已经在告诉孩子这么几件事情：第一，这句话告诉孩子，人生是一场竞赛，你周围的所有小朋友都是你的竞争对手。为什么我们现在整个社会人与人之间变得这么冷漠了，大家不太愿意帮助身边的人呢？因为父母从小告诉他，你周围的人都是你的竞争对手。第二，这句话告诉孩子，人生不光是一场竞赛，而且

是一场百米赛跑。因为只有在短跑的时候，起跑线才那么重要。如果跑一百米赛跑的话，你起跑迟一点，就再也追不上别人了。但是如果跑马拉松的话，其实起跑的时候早一点或迟一点，关系都不大。为什么现在整个社会都在焦虑？无论是在投资理财上，还是在其他事情上，人们只看到眼前一点点。投资理财需要有长远的规划，要考虑到10年、20年以后的事情，而很多人永远只顾着我这只股票明天会不会涨？我今年该不该买房子？……看到的都只是眼前的利益。为什么会只看眼前呢？因为他从小就被潜移默化地教导，人生就是一场百米赛跑，过了这村就没这店了，他不懂得用长远的眼光去看待事情。那么在这样一种心态和氛围下成长起来的孩子，他怎么能够幸福？有人认为我说的这些观点与理财毫无关系，但其实我想再次强调的是，理财的目标不是追求财富的最大化，而是追求你整个一生生命满足感的最大化。

百米跑的人生

照我的观点，人生不是一场竞赛，而是一场旅程。人生当中那些能与你有交集的人，其实都是你旅途中的伴侣。那么对待伴侣，当然要有一种欣赏、感恩、惜缘的心态，而不是一种竞争的心态。如果非要说人生是一场竞赛的话，竞赛就是要讲输赢的。那么这场竞赛也是一场马拉松，而不是百米赛跑。对于一场马拉松来说，起跑线当然不那么重要了。甚至你要获得最后的成功，常常在起跑的时候不能过于领跑。在马拉松比赛中，教练常常会跟他的运动员说："明天比赛，你一开始一定要保存实力，到最后的时候再冲刺！"马拉松最后的胜者往往都不是那些一开始就领跑的，前面领跑的往往到后半程就没有力气了，最后完全没有力气冲刺了。

我们也确实看到这样一个现象。在一个学校里面，有中国的孩子，也有外国的孩子。往往在学习的阶段，中国学生的成绩都非常优秀。但到真正出来工作了，从工作创造的成绩来看，那中国人就可能会显得不那么优秀了。甚至出现了明显的早衰现象，刚刚三十几岁的人，就自己觉得老了，没希望了，这辈子就这么回事了。然后他把所有的精力都投在孩子的教育上，还告诉孩子：千万不能输在起跑线上。你让孩子在起跑线上加速往前冲，那么在后面的路程中很可能他的力气提早被消耗完了，甚至要半途退场就不奇怪了。

所以在孩子教育上，我有个观点就是：**让孩子千万不要赢在起跑线上。给孩子提供的教育水平与你家庭的经济条件水平相适应。**在谈论孩子教育问题的时候，很多人经常把它称为教育投资，对此我是不认同的。因为投资考虑的是投入和产出，投进去多少就要看到多少成果。而我宁愿把孩子的教育理解为教育消费，受到适当的教育是孩子成长当中必须具备的内容，和他的穿衣吃饭一样重要。但是重要，并不代表应该过度。就像一棵树，你需要给它养料让它

成长，但是过度的养料也会把它烧死。既然教育是一种消费，当然它就有一个适度消费的概念。

当然我知道本文谈论的这些内容，有很多家长也意识到了，但是很多时候他们也很无奈。因为整个社会的氛围就是这样的，孩子们都在各种培训班补习。而且现在很多家长就一个孩子，所以总想把最好的东西都给他。但是我要讲，其实我们现在有很多过度的东西，比如说过度医疗、过度理财等等，同样还有过度教育。在过度教育的环境下，受害最大的其实是孩子自己。在此，我不禁想到将近100年前，鲁迅先生喊出的“救救孩子”。一百年后的今天，我还是不禁要喊一声：救救孩子！

Q4 选择当全职妈妈，会给家庭带来经济困境吗？

从2016年1月1日中国大陆实行全面的二孩政策以来，关于生养孩子的财务问题成为越来越多年轻夫妇家庭关注的内容。

有一位上海的李女士，目前年薪15万元。她的丈夫是个程序员，年薪30万元。2015年的时候，夫妻俩举两家之力在上海买了一套三居室，现在每个月还贷1万块钱，家里目前还有12万元的存款。夫妻俩现在面临着要孩子的问题，李女士就有一个想法，想

做三年的全职妈妈。但是做全职妈妈，家庭的整个财务负担就要由她丈夫一人来承担，压力非常大。万一中间老人生病了，由于老人们一辈子的积蓄都已经用来给他们买房子了，那样经济压力就更大了。而且她有一种顾虑，万一自己做全职太太，平常用钱都要向老公开口，这就感觉低人一等，所以她很犹豫要不要做全职妈妈，或者干脆就不养孩子了。

全职太太的困扰

其实李女士这个问题的答案本身并不重要，重要的是在她提的这些问题当中，有许多关于财务管理的误区。首先，她担心老公一年现在挣30万元，如果她做全职太太，家里钱够花吗？其实我们经常说一句话“多挣多花，少挣就少花”，不存在够花不够花的问题。第二，老公现在一年挣30万元，这只代表他过去一年挣30万元，未来会是什么样的呢？一切未知。他未来能挣多少，很大程度

上取决于他对自己的要求。如果没有给他很多压力，他可能就是在这个水平上待着了。如果生活给了他更多的压力，可能几年后他的收入就是40万元、50万元甚至更多。记住，财富有一个规律：你能挣多少钱，很大程度上取决于你需要多少钱。

精彩音频 即扫即听

第三，自己做全职太太了，就不能挣钱了，这样的想法完全不对。全职太太还可以做兼职工作，而你的兼职工作的收入未必真的就比你现在全职工作的工资少。我一再强调打开思路赚钱，不是非要朝九晚五上班才能赚钱，在家里同样可以赚钱。自己雇佣自己，为自己工作，可能挣得更多。你完全可以找到既照顾家庭，同时又能兼职赚钱的渠道。现在这样的机会太多了，关键在于，你愿不愿意、想不想打开思路。

第四，她认为自己做全职太太以后，平常要用钱都要向老公开口，显得低人一等，这个观点就更不对了。她选择做全职太太是家里一致讨论、认可的一件事情。在外面工作挣钱是为家庭做贡献，在家里做全职太太同样也是在为家庭做贡献，没有高低贵贱之分。如果不放心的话，她可以在选择做全职太太之前，跟老公约法三章，制定一个家庭财务安排计划。老公一个月挣的钱必须交多少作为家庭财务使用，交多少作为她个人的零用钱，事先达成共识。当然最根本的还是要记住一点，在家做家务和外出上班挣钱，两者对一个家庭来说，是完全一样的，区别只是分工不同。

最后，她还担心养孩子的压力太大，负担太重，不行的话干脆不养孩子了。前面我提到过一些关于整个宏观经济的分析，中国经济目前正在不断放缓的一个核心原因就是，中国社会的老龄化和少子化。在这样一个不断恶化的大背景下，期中一个根本原因就是，我们过去几千年中国人形成的生育文化被破坏了。

目前中国人的生活水平，可以说是中国历史上平均生活水平最高的时期了。这对夫妻俩年收入四五十万已经处于相当不错的中产阶级水平了。在父母、祖父母这一辈，一个月只有几十块钱收入的时候，都能够养得起6个、8个孩子。而现在一个月几万块钱的收入，还说生不起孩子？这里面关键的原因在于，父母把孩子放在什么位置。房子、车子都能买得起，孩子却养不起，为什么？因为在大部分人的人生当中，可能觉得房子、车子最重要，孩子可有可无。这就是为什么这几年中国放开二孩政策，绝大部分家庭仍然选择只要一个孩子，甚至很多人干脆一个都不要。而当被问及为什么现在不生孩子或者不生二孩的时候，绝大多数人的回答就是：养不起。

很多人向我提问：生个孩子需要准备多少钱？生二胎又要准备多少钱？都是关于生儿育女的财务问题。那我给出的答案是：生儿育女从来不是一个财务问题。实际上无论这个人多富裕或多贫穷，他都有权利，也都有能力生儿育女。

如果一定要从财务的角度来讨论生儿育女的话，我认为这个世界上最好的一项投资就是投资自己。而唯一比投资自己更好的投资，就是投资你的孩子。每个人都有年老的时候，到了那个时候，我们在这个世界上真正有价值的东西不是拥有几套房子、多少资产、多少荣誉……而是我们最宝贵的财富——孩子。很多人肯定不认可我的观点，认为把孩子养大需要投入大量的人力、物力、财力。其实这又回到了我反复强调的理财的根本目的：不是金钱的最

大化，而是整个人生满足感的最大化。或者从财务的角度来说，不是金钱的最大化，也不是资产的最大化，而是财富的最大化。

从财富的角度来看，房子、股票、企业、黄金、收藏等财富，跟孩子比起来就显得微不足道了。还有很多人认为，我不要孩子，是因为我非常爱孩子、重视孩子，所以我必须要给我的孩子提供最好的生活和教育。如果做不到，我宁愿不要。那我的观点也很简单，对于孩子来说，你吃什么他就吃什么，你用什么他就用什么，这就是给孩子最好的生活。而你给孩子提供的教育水平与你的财务状况、生活水平相一致，这就是最好的教育。

记住一点，好与坏不是跟别人比，而是跟自己比。那些嚷着要给孩子最好的教育、最好的生活的人，只不过是为自己的鼠目寸光和物质享受找借口罢了。而那些给孩子提供超出他自身财务能力的教育水平的人，并不是真正地爱孩子，只是满足他自己的一点虚荣而已。

Q5 多子女的家庭具有哪些财务优势？

关于育儿的理财观念，不同的家庭生活在不同的空间，具有不同的育儿态度，以及孩子自身的一些禀赋也决定了他未来的财务支出可能是完全不同的。我想给大家传递一个我认为相对正确的育儿观念就是，让你孩子的生活状态与你真实的财务状况保持一致。既不要过度地压制，也不要过度地消费。这些都是目前中国家庭普遍存在的问题。还是那句话，理财不光讲怎么赚钱，还要讲怎么花钱。现在我们老百姓在花钱上的误区可能比赚钱投资上的误区更加多。因为投资是一门技术，而花钱其实是一种生活态度。

谈到育儿的消费，我国从2016年1月1号开始实行全面二孩政策，一对夫妻可以生两个孩子。所以最近很多人开始探讨第二个孩子对财务的影响。自这个政策实行以来，绝大部分的中国家庭仍然选择不生二孩。不生的理由有很多，其中一个最主要的原因就是财务问题，担心养不起。当然我相信计划生育政策未来还会进一步放开，我预计再过一两年政策可能会全面放开，甚至鼓励生育。因为中国的老龄化、少子化现象日益严重，必须立刻改变。但到了那个时候，碰到的真正问题是即使鼓励大家生育，大家也未必生。之所以不生，其实还是对养育孩子的财务问题存在着严重的误区，所以我想再次跟大家分析一下养育孩子的财务问题，特别是关于二孩、三个孩子的财务问题。

首先给大家分析一下，为什么现在我们养不起孩子？我们现在的收入水平、生活水平是中国人有史以来最高的。在30多年前，那个时候家庭的收入大概一个月几十块钱，但是养5到8个孩子，都不成问题。而现在只有一个孩子，为什么养不起呢？对这个问题，我之前做过分析，根本原因就在于，因为只生一个孩子，使得养育孩子这件事情从本来日常生活当中的正常事情，变成了一

件奢侈品。另外，因为只有一个孩子，所以对这个孩子的安全系数要求极高，不能有丝毫的闪失，从而使得孩子的养育成本极大地提高。然而事实上，即使我们对孩子呵护备至、全方位保护，仍然会出现上千万的失独家庭，这当然也是独生子女政策带来的一个严重后遗症。由于只有一个孩子，为了让孩子今后能够在社会上立足，父母在教育资源的投入也是不惜血本。

那么，如果生2个、3个孩子，养育孩子的成本会是什么样子的呢？按照国外的研究统计，如果养1个孩子的成本是1的话，养2个孩子的成本大概是1.6，那么养3个孩子的成本大概是2左右。虽然总支出还是提高了，但是人均支出大幅地下降。原因很简单，养1个孩子需要支出的那些东西，养第2个、第3个孩子的时候都可以再用上。第二，养第2个、第3个孩子的时候，父母的育儿经验也相对更多了，所以在很多事情的处理上可以更加得心应手。第三，养孩子最大的支出还是教育支出。现在很多孩子上各种各样的补习班，有一些是为了提高学习成绩，有一些是为了让他学一个小小的技能。但事实上，我发现很多家长让孩子参加各种补习班，是因为孩子如果不参加这些补习班的话，他在家里没有小伙伴和他一起玩。而他如果有兄弟姐妹的话，他们可以经常在一起玩耍，其实很大程度上解决了孩子在成长过程当中的孤独问题。家长不需要再要找各种各样的班，把孩子所有的业余时间都填满，也可以省下了一大笔费用。

当然，生育更多的孩子最大的好处是会减轻父母对孩子的压力。很多父母都有自己的理想，但是到了生儿育女的时候，往往把自己的理想放到一边，甚至到了最后，希望他的孩子去实现他的理想。比如说自己考不上名牌大学，但一定要孩子去考名牌大学。而且因为就只有这一个孩子，所以这个孩子就肩负了父母曾经的梦想。如果有更多的孩子，你可以给孩子提供的选择也更多了。也许老大承担了父母的理想以后，老二、老三、老四就可以有更多自由选择的空间，这对孩子未来的成才是极其重要的。

事实上，国外对此有过深入的研究。研究发现，老大往往在职业发展上中规中矩，通常走的是一个主流的人生道路。但是老三、老四往往有更多的人生选择，能够更加遵循他内心的爱好和兴趣去选择自己的人生道路和职业发展。统计显示，老三、老四或者老幺在那些创造性的职业上，比如说科学家、艺术家、明星等等这些职业所占的比例明显提高。也就是说，后面的孩子往往体现出明显强于其哥哥姐姐的创造性。原因很简单，因为最后一个孩子，常常得到父母和哥哥姐姐的宠爱，而且相对不会给他们压力，能够更加遵循他的天性，自由地发展。多子女家庭更容易成功的另一个原因是，兄弟姐妹当中只要有一个人获得了成功，往往会带动兄弟姐妹们一起成功。兄弟姐妹是天然的也是最好的伴侣、支持者、帮助者、模仿者、竞争者。兄弟姐妹当中只要有一个成功了，他就会帮助其他的兄弟姐妹一起成功，所以多子女家庭子女获得成功的概率也远远超过独生子女家庭。

另外，独生子女家庭还有一个最大的问题就是，孩子的竞争意识和努力程度不够。因为他觉得整个家庭的资源都倾注在他身上，未来整个家庭的财富也都一定都是给他的，所以独生子女往往缺少进取心和竞争性。但是拥有兄弟姐妹的孩子完全不同，父母的资源是有限的，他们需要努力去争取、去奋斗，这一点对孩子未来的成才也有着极大的影响。所以你会发现，如果你生更多孩子的时候，你总支出的增长会越来越少，而你养育孩子未来得到的回

报却是越来越多。这是从投入和产出的角度来对养育孩子的一个分析。

其实还是那句话，养育2个及以上的孩子是一对夫妻最基本的责任，是对他祖先、对社会的责任，也是对他自己生命的责任。所以在这样的责任面前，谈论金钱其实是极其苍白无力的。

还有一些人不愿意生孩子的理由是，我养这个孩子，我希望把全部的精力和资源都给这个孩子。但是，对孩子来说，什么才是最重要的吗？其实恰恰是他的兄弟姐妹，因为在这个世界上只有他的兄弟姐妹才是真正能够陪伴他一生的亲人。作为父母，你只能陪伴他上半辈子，而他的孩子也只能陪伴他下半辈子。在拥有血缘关系的人当中，能够陪他一辈子的人只有他的兄弟姐妹。小时候一起玩耍，长大了互相帮助，年老后互相扶持，这就是兄弟姐妹。所以，如果父母真的爱孩子的话，留给他最好的一个遗产就是给他多几个兄弟姐妹。

大家是否还记得上次美国总统大选，最后特朗普意外当选。特朗普之所以能成功，一个非常重要的原因就是他有许多子女，他的父母也有许多子女。这些兄弟姐妹都为他的成功当选给予了支持与帮助，而他在就职典礼上重点感谢的也是他的兄弟姐妹。

Q6 如何规避突然失业带来的家庭经济危机？

理财就是理生活，生活安排好了，财务自然就好了。

人到中年，个人的能力、体力、智力和精力都达到了人生的高峰。人生到此阶段，通常已经获得对自我的认知、社会的认可和家庭的依赖，是人一生中最为辉煌的阶段。当然，这个阶段也往往面临着“上有老，下有小”的巨大生活压力。同时，这也是一个变故多发的阶段，身体健康、婚姻家庭、工作事业等等都可能出现危机。因此，处于人生中年阶段的人，要更加注意对风险的防范。

网上有这么一个事例。小张2001年本科毕业，工作两年以后，又去攻读了博士学位。博士毕业后，他非常幸运地来到了著名的华为公司工作。目前，他已经在华为工作将近10年了。在此期间，小张成了家，夫妻俩都是农村出生，所以结婚时家里也没帮上多少忙。小张收入挺高的，所以这几年也慢慢积累了一些家庭资产。2010年的时候，他们在深圳买了一套价值120万元的二手房。付完首付之后，每个月要还贷款6 000块钱。2011年的时候，他们生了个儿子。2016年的时候，又生了个女儿。因为小张工作繁忙，经常要出差，家里的父母和孩子都没人照顾，所以他的太太前几年就辞去了工作，专职在家照顾孩子。2015年底的时候，深圳房价大涨，小张这时候手上正好有几十万的存款，考虑到孩子以后的上

学问题，他们决定买一套学区房。尽管这套房子的面积不大，只有五六十平方米，但是总价高达350万元。为了买这套房，他们把原来那套房子拿去抵押，获得了70万元的抵押款，再加上自己的存款凑够了首付，然后又找银行按揭贷款260万元才把这套房子买下来。因此，小张每个月需要还银行按揭贷款17 000块钱、抵押贷款7 000多块钱，加上第一套房子的贷款，一个月还贷加起来就要3万块钱。目前，整个家庭的经济来源只有他一个人的工资，虽然工资很高，但是扣去税费、五险一金，最后拿到手的现金也就2万多块钱。日常生活的家用只能靠每个月的奖金来勉强度日了，日子过得紧紧巴巴的。

当然作为华为的员工，他持有一些股票，这些股票会定期给他们分红。有意思的是，小张把每个月股票分红的钱都用来买公司的股票，因此他现在持有华为公司十几万的公司股票，这就是他的所有家当。然而问题是，小张最近面临着被公司辞退的困境，这将使得整个家庭本来已经非常紧张的现金流中断。按照小张目前的情况，再去找工作，基本上也只能找到2万块钱以下的工作，完全不足以填补家庭的开销。家庭财务的重压让小张现在每天晚上辗转难眠。

小张从小就是个聪明的孩子，读书用功又很听话，努力读到博士学位，又靠着自己的才能进入华为这样优秀的企业工作。这么多年来，小张时时鞭策自己，从来不敢懈怠工作，勤勤恳恳，任劳任怨。但是到了现在，工作丢了，家庭财务入不敷出，

精彩音频　即扫即听

小张就在想，自己到底错在哪儿呢？

其实原因非常简单，小张在家庭财务安排上违反了理财的几个基本原则。

第一点，家庭资产负债率要低于50%。小张家庭的总资产现在大约是600万元，但他的负债高达400万元，负债率已经达到2/3，远远超过了低于50%的标准。

第二点，他的债务支出太高。在理财上一个标准是，债务支出要低于家庭稳定收入的1/3。但是小张现在每个月还债的支出已经超过了他的稳定收入，远远超过了低于1/3的标准。这是他犯的最严重的一个错误。

第三点，他的家庭没有保持足够的现金和适当比例的金融资产。所谓足够的现金，就是一个家庭至少要保留6个月以上的日常支出等各种费用。比如小张现在每个月要有3万多块钱的家庭支出的话，他至少要保证十几二十万的现金在手上。所谓适当比例的金融资产，就是他家庭总资产当中，金融资产至少要达到20%。而小张的真实情况是，他为了买这套房子把所有的钱都支出了，完全没有金融资产、现金留在手上。而他将近600万的总资产当中，几乎95%以上都是不动产，就是那两套房子，因此他的金融资产比例太低了。

第四点，他忽视了自己的职业规划，这也是受到传统思想的影响。传统思想认为，人的一生要分成学习阶段和工作阶段。年轻的时候，就要好好求学。学业有成了以后，就要好好工作。但这样的一种传统思维模式已经不能适应现代社会的发展了。在现代社会，学习是一个终身的过程，职业的不断转换也是人生必经的过程，所以一定要对自己未来的职业有一个长远的规划。小张拿到博士学位

以后进入职场，在华为的工作一待就是10年，没有拓展自己的职业发展空间，也没有对自己未来的职业有清晰的规划。一旦他的工作面临问题，立刻就会在自己的职业发展上陷入困境。不过，小张完全不必太过悲观，人生难免有一些起起落落，不可能永远一帆风顺。小张前面的人生应该说走得非常顺利，现在稍微碰到点儿坎，也不是大问题。况且小张现在40岁还不到，正是风华正茂的年纪，已经拥有了一个幸福的家庭，2个孩子，还积累了大约600万元的资产，可以说已经是人生赢家了。

对于小张来说，他只要把当前的财务危机处理好，渡过这个难关，就一定会在自己的人生道路上迎来新的春天。而要处理好这个财务危机，我有几点小建议：

第一，要保持足够的现金。小张在他的整个财务计划当中有一笔钱，就是当他离开华为的时候，他的十几万华为股票。这样退出的话，可能可以拿到高达几十万的现金。他想拿这些钱先还70万元的抵押贷款，我给他的建议是千万不要这样做。要把这些钱留在手上，保持足够的现金资产和流动资产。这样能使他的整个人生有一个回旋的余地。否则回旋的余地没有了，压力就会非常大。

第二，要规划好自己的职业生涯。借此机会系统地规划自己下一阶段的职业生涯，而不是简单地找一份工作。

第三，增加被动性收入，这是理财上非常重要的一件事情。小张这么多年一直想着怎么找份好的工作挣钱，但是挣钱的方式其实有2种：一是通过劳动来挣钱，称为“主动性收入”；二是通过钱来生钱，称为“被动性收入”，这是理财非常强调的一种收入。对小张来说，他可以采取以下两个方式来增加被动性收入。方式一，赶快把他买的第二套学区房租出去，收取租金。方式二，把他从华为股票退出来的钱去做一个金融资产的投资组合。具体来说，做一个基金的投资组合是非常适合小张的。一方面，能够保持小张家庭足够的现金和金融资产。另一方面，能够获取额外的投资收入。只要他把这两点做好，我相信小张一定会渡过这个难关，迎来生活的新春天。

我想顺便提一下，其实小张的老板任正非先生在他43岁的时候，也曾陷入困境——远远超过小张目前陷入的困境。不管怎样，小张现在还有几百万的资产在手上。而任正非那个时候，不仅是一无所有，还负债累累。但是，就在他43岁的这一年，他创办了现在我们称之为“伟大”的华为公司。所以，人生碰到一些挫折在所难免，不一定是坏事，这个挫折也许正是他下一次起飞的起点。

Q7 如何保持社会财富地位，避免老年贫困？

关于设定理财目标的问题，首先要做的是设定好生活目标、人生规划。每个人的理财目标一定要符合自己的人生规划。或者说一个人想拥有多少钱，取决于他想过什么样的生活。当然，每个人都有不同的生活理想和目标。对于我们普通人来说，基本上都有一个高目标和一个低目标。所谓低目标，就是我们最低要达到的生活目

标，能够保持我们的社会财富地位，即社会阶层。所谓高目标，就是希望自己能够通过努力让自己的社会阶层上一个台阶，甚至两个台阶。

先来分析低目标，即每个人都应该具备的基本目标。保持财富地位指的是，你的财富的增长和未来生活水平的提升应该跟整个社会的财富增长和生活水平的提升达到同步的状态，这是一个非常重要的标准，是决定我们生活是否幸福的关键因素。我经常说这样一个概念，我们幸福与否，不在于我们拥有多少钱，而在于我们的邻居拥有多少钱。因为我们的幸福程度都是在和周围的人的比较中来获得的。当你在和邻居的比较中，你的相对地位提升了，你的幸福感也就提升了。相反，你就会觉得不幸福。这其实跟你的绝对生活水平关系不大。

跟大家分享一个我自己的生活例子。我是1984年参加工作的，那时候的大学毕业生就像天之骄子，收入也很高。每月工资56元。我一年工作攒下的钱大约有一百多块，年终奖发的是一张票。当时买很多东西都需要特别许可的票证，光有钱还不行。我的年终奖是一张当时买名牌自行车需要的票证。我在工作一年以后，用我一年的积蓄加上年终奖得来的票证买了一辆凤凰牌自行车。我现在回忆起这段经历的时候，还能感受到当时我骑着这辆凤凰牌自行车时那种喜悦的心情。尽管现在30多年过去了，那种满满的幸福感仍然存在于我的记忆里。而现在，我早就开汽车了，可以说物质水平已经大大提高了，但是为什么现在我开车却完全没有幸福

精彩音频　即扫即听

感呢？

因为我现在开的只是一辆普通的商务车，但是我的邻居呢？我看到地下车库里停着宝马、奥迪，全都是名车。所以在开车这件事情上，我并没有什么幸福感。虽然我的生活水平从原来骑自行车到现在开车了，但现在的车子并没有给我带来那么大的幸福感，是因为我的邻居在交通工具的改善上比我做得更好，我在这个方面落后了，当然也就失去了幸福感。

其实这也可以很好地说明，为什么大家的实际生活水平都极大地提升了，但是有些人的幸福感并没有同步地提升。其实这其中的根本原因就是，他在跟别人的比较当中，并没有超越周围的人的财富改善水平，或者说他的相对财富地位下降了。自己的财富地位下降是我们每个人都不希望看到的。而要想保持财富地位，你必须跟上社会财富增长的步伐。要做到这一点，你必须对中国未来整体财富的变化有一个基本的判断。

在过去的十几年时间里，我培养了很多理财师，但是这些理财师在帮助客户制定理财规划的时候，经常容易犯的一个错误就是，在理财目标的制定上犯了错误。比如说很多人希望自己退休的时候能够依然保持目前的购买力。这样的想法其实是效仿欧美发达国家的。在那些已成熟的发达国家，退休以后能够保持退休前的购买力基本是行得通的，因为整个社会的财富增长非常缓慢，你保持了购买力，基本就保持了社会财富地位。但是在经济高速增长的背景下，如果你只是保持了你的购买力，那么你的社会财富地位必将会大幅度地下降。

举个具体的例子，比如说你现在35岁，每个月的消费水平是1万块钱。假如通胀率是3%的话，那么预计到你60岁退休的时候，

你每个月的消费达到2万块钱就基本上和现在的消费水平差不多，保持了购买力了。如果你用这样的方式来设计你的退休金的话，你就会发现那时候你会变得很穷困。因为，25年之后，每个月2万块钱的消费水平，也许能够买到和现在你每月一万元一样多的东西，但是你在整个社会的消费层次上一定大幅度下降了。因为尽管中国未来经济发展也将不断放缓，但是整个社会的消费水平仍在稳步提升。如果你只是保持了目前的购买力的话，那么你的社会消费层次必然下降。

事实上，中国社会现在有一个非常不好的经济现象，就是老年人口的相对贫困化。老年人的整体消费层次为什么会不断下降呢？最大的原因就是这些人在过去的岁月里面往往只想着存钱，而存钱的收益也许可以对抗通货膨胀了，但一定远远落后于整个社会财富增长的水平，这样他们的消费水平当然也就远远地落后于整个社会平均的消费水平，“越存钱越穷”说的也是这个道理。

那么，在我们退休的时候，到底每个月花多少钱才能赶上社会的步伐呢？假如未来经济增长还能够保持在6个点，而通货膨胀是3个点，那就意味着整个社会的财富是以每年9%的速度在增长。如果你的收入水平要赶上整个社会的平均增长速度的话，就应该以每年9%的速度增长。每年9%的增长速度意味着24年以后，你需要的退休金不是前面算的涨1倍，而是翻了3番也就是8倍。也就是说，到了那个时候，你每个月大概要花8万块钱，才能维持你现在每个月花1万块钱的社会消费层次。如果只是对抗通胀、保持同样购买力的话，2万块钱的消费就够了。这相比于每月8万块钱的消费水平，那整个就差一个阶层了，必然使得你的社会地位下降，而这是我们每个人都不能接受的。所以，在设计未来生活目标、预期生活水平的时候，保持财富地位是我们每个人对财富的最基本要求，也是我们必须要达到的基本目标。

【案例】中年危机？三线城市中年夫妇这样理财不害怕！

本文分析的一个案例问题主要集中在投资方面，先来看看这个案例的情况。这是生活在东北的三线城市里的一对夫妻，他们今年35岁左右的年纪。目前妻子已经怀孕，马上就会有一个新生命来到这个家庭。夫妻俩原来都在国营船厂工作。2010年的时候，丈夫辞职，去做了跟船舶有关的生意。2011年的时候，丈夫的公司运营得不错，所以妻子也停薪留职帮助丈夫打理公司。但是船舶生意这几年非常不好做，甚至有几年生意几乎都停了。不过近一两年又有所回升，但是再也回不到过去那么好的光景了。虽然自己的公司还是有收入，但是收入非常不稳定，有一单没一单的。现在的大概状况

是这样子的。

我们看看他们的理财经历。这对夫妻理财非常成功。在2013年底的时候，他们在当地花了420万元买了一个门面房。现在这套房子的租金一年大概20万元。当时他们就做了一个测算，一年20万元的收益，按房价420万元来算的话，收益率还不到5%，所以他们毅然决然地出手了这套房子。基本上按照原来420万元的价格稍微加了一点，最后出手的价格是430万元。于是，他们拿着这430万元，花了其中的200万元买了一个私募基金、100万元买了一个信托。信托一年到期以后，又把这100万元投到了私募基金里面了。现在这个私募在9个月的时间里，收益率达到22%。他们现在依然持有着这个私募基金。

到了2015年底的时候，他们在河北燕郊地区看中了一些房产。他们在这地方投资买了4套房产，总价值600万元。而这4套房子到手仅仅不到一年时间，市场价格已经翻了1倍。大家都知道现在通州被定位为北京的副中心，而燕郊离通州很近，房价水涨船高。最近政府也出台了严厉的限购令，加之这里的房子实际上有点有价无市，所以房价有所回落。他们为了买这房子贷款300万元，目前需要每个月还款2万块钱。另外，这对夫妻的父母经济状况也不错，最近给了他们100万元，由他们自由支配，算是父母给儿女的支持。父母身体的状况也不错，两老都有社保。以上是夫妻俩的财务状况。

简单总结一下他们目前拥有的资产状况：这几年私募基金的分红加公司赚的钱再加上父母给的钱共有约500万元的现金、300万元的私募基金、京郊的4套房产（总市场价值约1 000多万元）以及近300万元的贷款。他们有这么几个想法。第一，这500万元现金肯定要做一定的投资。计划拿200万元做流动资金，因为他们的船舶生意，来单子的时候还要做，需要留一定的流动资金。他们想把剩下的300万元投入股票市场。当然他们对自己的生活也有很多的安排。比如说，考虑到父母都年纪大了，所以他们准备了200万元作为父母的生病、护理费用等用于老年人的必要支出。第二，因为孩子即将出生，所以孩子以后的教育费用也要做好安排，包括100万元的教育费用、大学毕业以后再安排100万元的创业资金。当然孩子结婚的时候，很多的父母都希望能够帮孩子安家置业，这需要准备500万元。这些是为了孩子需要准备的700万元资金。当然他们也有自己的考量，希望自己再干20年就能够退休，退休时能够有个5 000万元，过一个相对宽裕的退休生活。这是他们整个的财务状况和理财规划。

对于这样的一个家庭，他们的理财其实是非常成功的。短短几年时间，从原来普通的老国营厂职工到现在财富已经积累过千万的富翁。这样的事实也反映了过去这段时间，中国人的财富出现了爆炸性增长，而他们赶上了这个潮流。我也发现另外一个现象，一个非常保守的人，不管在工作还是理财上往往他都是保守的。比如一个年轻人想要找个稳定的工作，而他的投资理财也要买非常安全、没有风险的产品。但是，另一些激进的人，做什么都会以激进的方式。案例中的夫妻俩辞去了国有企业的工作，一起创办小公司，自己闯出一片天。他们的投资理财，除了贷款买房子就是做私募、买股票，也全是激进的。这反映的就是，一个人保守，他可能在各个方面体现出来都是保守的一些安排和想法。而一个人激进，往往是各个方面都做得比较激进。

另外，我发现，向我来咨询理财问题的人往往比较激进，而且这些人已经尝到了过去积极投资理财带来的甜头，所以他们仍然习惯采用积极进取的理财方式。其实每个理财师都有自己的风格，我提出来的理财建议也不一定都符合所有人的特点，但这都反映了我个人的理财风格，我相对来说喜欢采取平衡的方式。对待一些追求稳定的年轻人，我往往建议他们激进地投资理财。对待一些过于激进的人，我往往建议他们追求更安全的投资理财方式，或多做一些多元化的资产配置，从而规避风险。

那对于这对夫妻的理财问题，我个人的建议是让他们采取相对安全一点的方法。原因有以下几点。首先，他们未来的理财目标，比如说给父母200万元的医疗护理准备金，给孩子700万元的教育、创业、置家的准备金，给自己5 000万元的退休准备金，这些都是十几二十年以后才需要陆续支出的。以他们目前将近2 000万元的资产水平来看，他们提出的这些目标完全是可以实现的，不需要再做很激进的投资就都能够实现了。所以从这个角度来说，他们确实不需要太激进了。

他们提出的这些未来财务目标，总体来说是比较客观的、实际的，考虑得也比较周全，也很合理。既能够有把握地实现，又不过于保守，实现一个相当不错的未来生活目标。所以对他们提出的理财目标，我没有特别的意见。一定要说的话，他们打算给孩子安排的教育、创业和安家置业的费用少了点，因为毕竟预期的这些支出都是二、三十年以后的事情了，而且到那个时候他们自身的财富水平已经到了五千万元至一个亿元的水平，给孩子的费用安排不可能也不应该太少。还是那句话：我反对将家庭资源过度往孩子倾斜，给孩子的支出，无论是日常消费还是教育支出都超出其家庭的财务水平，同样反对故意让孩子吃苦。我倡导的理念是：父母、自己和孩子，一家三代人在一个家庭中应该享受到与这个家庭财务水平相一致的消费和照顾。

既然有了这样一个比较周全又大致合理的理财目标，他只要通过一个比较稳健的方式就能够达到，那为什么还要冒险呢？因为冒险可能意味着更高的收入，但也意味着高风险可能带来的财务损失，甚至导致离你制定的目标越来越远。

从这个角度，我提几点建议供参考。第一，我发现他提到在河北近京郊买了4套房子，但并没有提到老家有没有房子，我估计他老家可能也有房子，但这个房子的价值不高，所以就没有提。他也没提他们现在的生活状态。所以我给的第一个建议是，把现在的生活安排好。他们的财务状况已经上了一个台阶，与之相对的生活状况也应该上一个台阶。比如说，是不是能够在他们目前生活的城市换一个相对更好的房子，改善自己的居住环境，因为这对他们来说完全没有压力。还是反复讲的那句话“理财就是理生活”，房子是用来住的，你的生活状态应该与你的财务水平相匹配。所以第一个建议是提升他们目前的整个生活水平，包括居住环境、日常的消费水平等等。

第二个，他们现在投资的私募，收益较高，这很不错。我不知道他是投资了一个私募，还是投资了两个，但是最多就投资了两个私募。私募基金、自己买股票投资股市和普通公募基金这三者最大的区别就是私募的运作相对不那么透明，而且流动性不高，不像公募会定期公布它的整个运作、它的净值，而且随时可以套现。私募相对来说，就要比较封闭一点。

私募的第二个特点就是私募运作的状况整体上差距比较大。具

体来说，就是私募的整体平均表现跟公募基金差不多，但是私募基金有些表现得非常好，有一些表现得非常差，参差不齐。两者对比来看，私募投资肯定比公募投资风险更大。他们现在的投资集中在一两个私募上，可能风险就更集中一点。当然有一个原因是，投资私募时如果你的金额太小，可能就达不到私募的购买门槛，所以不得不投在一两个上面，这也没办法。

接下来他们还有300万元想投资股市。首先，我不建议他们自己去炒股票，因为我没有看到他们之前有炒股票的经验。第二，现在的资本市场已经是机构博弈的市场了，个人去参与这个市场一定是弱势的。如果还要再适度地增加资本市场的投资的话，我个人建议适度地购买一些公募基金。因为公募基金有专业的机构帮你运作，这不用操心，收益也不错。再者，相对于其他的资产来说，比如房产和私募，公募基金的流动性比较好，可以让他们整个资金的流动性保持在较高的水平。第三，他们现在还有4套房产，都集中在同一个地方。而这个地方的房子受到当地相关的房产政策的影响就非常大。所以如果有可能的话，在限购等各方面政策有所缓解的情况下，本着“房子是用来住的”宗旨，能够退出来一点是比较合适的。

也就是说，这对夫妻整个资产状况有以下两个特点。第一，资产集中在私募和房子上。第二，他们的投资都是高收益、高风险的。所以我给他们的建议是，剩下来的500万元一定不能再做这样的高收益、高风险投资了，要增加一些流动性好、风险低的投资产品。同时可以适度地考虑改善自己的生活。第二点，如果一定要再增加证券市场的投资，那么可以适度地考虑公募基金。第三点，其实所有的他们的这些投资都是非固定收益投资。按照他们的资产水平可以买一些安全性较高的固定收益理财产品，比如债券、非标产品等等。这些固定收益理财产品的收益是不错的，相对风险也不高，能够增加他们整个资产的多样性，也降低了投资风险。

最后还有一个重要的建议，夫妻俩都辞去了公职，所有的资产都做了激进的投资，但在这个过程中没有安排任何保险。在之前的各种案例，我一般都没有建议大家要买保险，但对于这对夫妻，我倒是建议他们应该安排一些保险。从保障的角度来看，可以买一些大病险。从资金的多元化安排角度来看，可以安排一些稳定的保障型资金，比如买一些养老险和寿险，都是非常有价值的。对他们来说，这些资金虽然收益不高，但是能够让他们整个家庭资产的安全性和稳定性得到极大提高，而这一点恰恰是这对夫妻目前理财中面临的主要问题。

所以对这对夫妻的理财，我就提出以上几点建议供参考。

还是那句话，理财的建议没有绝对的对和错。你的人生观、价值观决定了你对理财的安排方式。但无论如何，平衡应该是我们对待生活更理性的态度。

后记

POSTSCRIPT

经济新变局，财富新常态：未来十年如何理财？

在书的最后，想和大家聊一聊我国今后经济的大趋势和我们未来总体上的财富趋势。我给这样的话题起了一个名字叫：经济新变局，财富新常态。

这本书的内容讨论的是我们个人家庭的理财问题，那为什么要谈论宏观经济呢？理由很简单，我们每个人该怎么理财这件事情，确实跟我们所处的整个经济形势息息相关。一个国家的GDP就是这个国家一年新创造出来的财富，这些财富由三个方面来分配：国家、劳动者、资本方。这三个方面对应的分别就是我们每个人能够获得的政府提供的公共服务以及社会保障和福利、劳动所得以及投资所得。在这三个方面占总GDP比重不变的情况下，我们要享受到更好的公共服务和社会福利、获得更高的劳动所得以及投资获得更好的回报，只有依靠GDP总量保持增长才能实现。也就是我们常说的只有把蛋糕做大，我们老百姓的收入，无论是劳动型收入、财产型收入还是福利型收入，才能同步提高。

改革开放的前三十年，正是因为我们国家经济的高速增长，老百姓的生活才获得了令世界瞩目的改善。可以说，中国经济的高速增长，推升了中国老百姓的财富在过去短短的二、三十年时间里实现了人类历史上少见的单边的快速增长，短短的二、三十年时间我们十三亿中国人的财富平均增长了二、三十倍。这是身处其中的每个中国人都亲身经历并能够深切地感受到的。现在的问题是：未来，中国人的财富趋势会如何改变？

要回答这个问题，就需要对过去推升我们财富增长的动力有一个清晰的判断。

我们看到，我国经济这几年确实进入了一个和改革开放以来前30年完全不同的经济状态，也就俗称的L型经济走势的前半部分。中国经济不断放缓的原因很多，从经济本身情况来看，全球经济需求的放缓、我们自身经济结构面临调整、我们经济中传统的竞争优势在丧失等等都是导致我们经济放缓的原因，但客观来说，这些也都不是根本原因。那么，中国经济放缓内在的根本原因是什么呢？其实很简单，就是中国过去几十年实行的独生子女政策导致年轻人不足，整个社会趋向严重的老龄化。或者说白了，我们过去因为少生孩子，享受了所谓的人口红利，那么到了现在我们就要为我们过去的少生孩子还债了。所以我们现在的经济不是像有些学者说的，我们的人口红利消失了，它不是消失了，而是从人口红利直接转换成人口负债，陷入深度老龄化。同时，劳动力人口下降，劳动者的平均年龄大幅增加。这几个元素正是导致日本过去1/4个世纪经济停滞不前的根本原因。而中国现在的人口结构和日本在1/4个世纪

之前，经济陷入停顿时的人口结构及其未来发展趋势一模一样。那个时候日本也是劳动力开始下降，全社会的老年抚养比在不断地上升。或者说，导致日本过去25年经济停滞不前的根本原因，在中国正在重演。当然，中日两国经济中其他方面的内在禀赋是不同的。但我国现在同样掉进了低生育率陷阱，未来可能会不断拉低中国经济的增长速度。因为，少子老龄的人口结构趋势一旦形成，在可见的未来的几十年中无法改变。

而这种经济增长的不断放缓对于我们个人的财富管理会有多大的影响呢？我们还是来看看日本过去20多年，日本老百姓的财富有什么变化。上个世纪八九十年代的时候，日本的经济总量是我们的9倍，人均GDP是我们的50～100倍，人均工资是我们的100多倍。那时的日本人几乎就是财富的代名词，满世界的奢侈品店、旅游景点都是日本人，日本人是最大的主顾，包括收藏品市场最大的收藏者也是日本人。那时候的世界500强前几位，包括世界首富一直也都是由日本人把持着。那时候，日本的经济总量已经达到美国的70%，人均GDP已经超过了美国达到4万多美元，整个日本的房地产市值是美国的3倍。也就是说，把日本的房子卖了可以在美国买下来三套。但是，这个日本人的财富神话到了二十世纪九十年代，终于结束了。

首先，在20世纪80年代后期，日本的很多实体经济就开始出问题，很多企业倒闭，做实体的企业倒闭，但是股市仍然在涨。一直涨到80年代的最后一天达到历史高点，东京225指数达到接近4万点，从90年代的第一个交易日开始，日本的股市开始下跌。但是这一跌就一直持续到现在，从最高的4万点最低点跌到6 000点左右。现在已经经过了27年了，也不过只是刚刚回到原来的一半，2

万点左右。

90年代股市的下跌，接着带来的就是大量的金融券。到了1993年底，日本房价也终于开始跌了，而且这一跌也同样到现在都没有回来，从最高点到最低点跌掉80%。现在也只是部分地区的房价回到了历史的高点，也就是日本东京市中心的一些房子的价格回来了，日本绝大多数地区的房价还远远没有回到其历史高位。所以大家看到90年代之后，日本的经济陷入停顿以来，它的资产价格也出现了大幅的调整。股票最高的时候跌掉85%，现在还只是一半，房子最高的时候跌掉80%，现在同样的还没有回来，同时其他类别的一些金融资产也同样面临大量的违约。所以从20世纪90年代到现在约25年的时间里，日本民众的财富不仅没有增长，反而在不断地缩水。所以现在你也很少看到日本人满世界旅游、购物。不仅没有看到他们满世界旅游、购物，还把以前买的很多东西，比如说字画，比如说美国的房产纷纷抛出。我讲这些是想告诉大家什么呢？

过去二十多年来日本经济陷入泥潭而无法自拔，而经济陷入泥潭必然带来的，它的国民财富是大幅缩水并且重新洗牌。导致日本经济20多年陷入泥潭无法自拔的根本原因，是它的劳动力人口下降和老年抚养比的上升。我国现在正面临同样的问题。那么，我们在个人财富管理上，会不会也重蹈日本在过去20多年的覆辙呢？

当然，我们有信心，我们不会复制日本的悲剧，但经济财富有它内在的规律。前事不忘后事之师，日本的经验值得我们警醒。至少有一点是对的，那就是中国这几年出现的经济状况和我们改革开放之初的前30年的经济状况是完全不同的状态了。我们也把这几年的经济叫做中国经济的新常态。

既然经济进入了新常态，我们在财富上也要以一个全新的态度

来对待我们的财富管理。这个态度是什么样子的呢？当然也恰恰是跟我们过去的财富变化完全不一样的状态。事实上大家都知道，中国在过去的二三十年时间里面，老百姓的财富出现了爆炸性的增长。30年前，有10万元我们就称之为是有钱人了。现在在一个大城市，拥有1 000万元的人都不敢自称有钱人。即使扣除了通货膨胀，中国人的财富也实现了极其显著的增长。

也就是说，在过去二三十年中，中国人的财富走出了一轮波澜壮阔的大牛市。任何一个牛市都有结束的时候，而牛市结束了之后，它不会就走平了。可能是经历了一个快速的增长的牛市之后，进入一个慢牛状况。或者，一个快速的牛市之后跟着的一个熊市。而我个人判断，中国现在至少在个人财富上已经进入了牛、熊转换的时间节点，我们要放弃过去已经习惯了的牛市思维。接下去我们很可能会度过一个漫长的熊市过程。这就是我这本书想给大家传达的思想，经济新变局，财富新常态。

而这个“新”体现在什么地方呢？就是跟过去大家习惯了的，看到的中国人财富变化状况完全不一样的状况。未来的几年当中，我们的财富可能不仅不会上升，反而会缩水，会出现调整，会重新洗牌。当然，财富经历一轮调整和洗牌之后，我相信我们的财富还会重回上升轨道，但下一轮财富的上升将不可能重复我们过去那样爆炸式的上升了，而应该是螺旋式波浪式的一波三折的缓慢上升态势。

在这样一个财富大趋势下，最理性的做法就是，不要再追求财富的快速增长了，别再追求投资的高收益了。在熊市里面，最聪明的做法就是离开市场，保全资产，争取不输就是赢。所以接下来，我们在财富管理上不应再是追求快速增长，而应放弃对一夜暴富的追求，转而追求财富的安全、财富的传承、财富的科学运用、财富更好地为我们生活服务，这才是我们在财富新常态下应有的对待财富的态度。

而这样的财富状态和财富管理的思路，应该是贯彻我们未来十年，甚至更长期的财富管理的思路。

这就是经济新变局下的财富管理的新常态。